企业法律风险防范^{速查手册}

马 松◎著

天津出版传媒集团

天津人民出版社

图书在版编目（CIP）数据

企业法律风险防范速查手册 / 马松著 . -- 天津：
天津人民出版社，2023.4
ISBN 978-7-201-15205-9

Ⅰ．①企… Ⅱ．①马… Ⅲ．①企业法－中国－手册
Ⅳ．① D922.291.91-62

中国国家版本馆 CIP 数据核字（2023）第 041891 号

企业法律风险防范速查手册
QIYE FALU FENGXIAN FANGFAN SUCHA SHOUCE

出　　版	天津人民出版社	
出 版 人	刘　庆	
地　　址	天津市和平区西康路 35 号康岳大厦	
邮政编码	300051	
邮购电话	（022）23332469	
电子邮箱	reader@tjrmcbs.com	

责任编辑　王昊静
装帧设计　装帧设计

印　　刷	天宇万达印刷有限公司		
经　　销	新华书店		
开　　本	670 毫米 ×950 毫米	1/16	
印　　张	11		
字　　数	100 千字		
版次印次	2023 年 4 月第 1 版	2023 年 4 月第 1 次印刷	
定　　价	42.00 元		

法律风险防范——送给创业者的必修课

自中华人民共和国成立以来，尤其是改革开放以来，中小企业在我国如雨后春笋般发展起来。虽然发展之路崎岖坎坷，但到现在，也已然是一片欣欣向荣的景象了。如今，我国国民经济发展已经进入工业化发展的中期阶段，中小企业也将面临挑战。同时，我国的国民经济想要长期、稳定且健康地发展，中小企业的平稳前进尤为关键。

随着全球经济发展速度的放缓，中小企业的前进步伐也逐渐放缓，且面临着巨大的生存挑战。虽然中央财政不断加大对中小企业的扶持力度，社会各界也在为中小企业不断创造机会，但中小企业的发展现状仍然令人担忧。

作为法律工作者，笔者试图从规避法律风险的角度为中小企业减压减负提供一些建议和思路。从法律角度看，企业就是一个法人。而在法律工作者眼里，这个"法人"其实就是一个活生生的"人"。这个"人"需要有"头脑"，有"躯干"，有"四肢"，有"血肉"，有"灵魂"。股东就是这个"人"的"头脑"，公司组织构成这个"人"的"躯干"和"四肢"，知识产权是这个"人"的"血肉"和"灵魂"。这个"人"通过合同与外界进行沟通，也需要适合自己的生存环境。总之，作为中小企业，这个"人"的"身体"总是没有那么健硕，甚至显得虚弱和渺小，容易受到外界的伤害。而法律风险防范，就像是一个人的免疫系统，为这个"人"抵御外界的伤害与攻击。

本书共六章。第一章"企业注册——做好风险防范第一步"，就是在分析企业这个"人"在诞生之初所要面临的一些法律风险和应对措施。人诞生后，最重要同时也是最脆弱的头部需要重点保护，因此第二章"股权分配——规避创业合伙风险"专门围绕保护股东股权等内容展开。紧接着第三章"人力资源管理——助力企业健康发展"则是对这个"人"的"躯干"进行保护。为了使这个"人"更加完整，我们还要为其填充"血肉"，于是就有了第四章"知识产权——依法保护企业软实力"。公司这个"人"需要通过签订合同的方式来与外界交流，第五章"合同签订——避免掉入法律陷阱"便是为其量身定制。第六章"财务管理——建立风险防控体系"则是为这个"人"尽量创造出更适宜其生长的内外环境。

　　笔者希望通过独特的视角，帮助大家尽量看清"中小企业"这个弱小而坚强的"人"，知道其优势，明确其弱点，对其优势进行发扬，对其弱点进行保护，用法律这层"免疫系统"帮助中小企业这群"人"更健康、更长久地向前走。

中小企业的法律服务现状与风险防控对策

笔者喜欢把企业比作一个"人"。当一个人生病了，说明已经有病毒或细菌侵入人体。普通的病毒和细菌还好处理，对于难缠一点儿的病毒和细菌，恐怕就有人顶不住了。我们每天都在接触病毒和细菌，不过只要没有症状，我们都意识不到，有人劝说我们打个预防针，或许我们还会反问对方：有这个必要吗？这不是多此一举吗？而这个现象不仅在人群中普遍存在，在企业中更是如此。

每一个企业都处在充满"病毒和细菌"的危险环境中，每天有无数个企业"病倒"，也有无数个弱小的企业死亡。可是，只要自己的企业还没有"发烧、感冒"，企业家就会对"法律风险防控"这个疫苗无感，有的甚至避而远之。这，就是为中小企业法律服务的现状，也是为中小企业法律服务的困境。

作为法律工作者，编写这本《企业法律风险防范速查手册》，我希望能够让中小企业家们了解更多与企业相关的法律知识，认识到自己的企业所面临的风险，积极地寻找应对措施。这本书就当是我给各位中小企业家制作的"企业用板蓝根"，哪怕不天天喝，放在抽屉里，在偶尔有些症状的时候翻出来，冲上一杯发发汗，也是不错的。

目 录

第六章 财务管理——建立风险防控体系

第一章

企业注册——做好风险防范第一步

注册公司需要准备哪些材料

注册一个公司需要多个步骤，每个步骤都需要办理人提前准备好相应的材料才能够顺利完成。

◆ 注册企业的步骤

1. 公司核名

公司核名是成立公司的基础准备工作，需要准备的材料有：备查公司名称、公司基本信息、公司（字号）名称预先核准申请表（从工商局领取）等。

2. 开验资户

开验资户所需要的材料有：公司名称核准通知书、投资人有效身份证明、会计师事务所询证函、验资户开户表格等。

3. 工商登记

工商登记所需要的材料有：公司名称核准通知书、全体股东签署的公司章程、验资报告、注册地址证明（自有住房需要房产证复印件，租赁房屋需要提供租赁协议）、法定代表人签署的《公司设立登记申请书》等。

4. 税务登记申领发票

税务登记申领发票所需要准备的材料有：营业执照以及代码证复印件、财务人员上岗证和身份证复印件、注册地址证明文件、税务登记申请表格等。

◆相关法律依据

《中华人民共和国公司法》

第二十三条 设立有限责任公司，应当具备下列条件：（一）股东符合法定人数；（二）有符合公司章程规定的全体股东认缴的出资额；（三）股东共同制定公司章程；（四）有公司名称，建立符合有限责任公司要求的组织机构；（五）有公司住所。

第二十四条 有限责任公司由五十个以下股东出资设立。

第二十五条 有限责任公司章程应当载明下列事项：（一）公司名称和住所；（二）公司经营范围；（三）公司注册资本；（四）股东的姓名或者名称；（五）股东的出资方式、出资额和出资时间；（六）公司的机构及其产生办法、职权、议事规则；（七）公司法定代表人；（八）股东会会议认为需要规定的其他事项。

股东应当在公司章程上签名、盖章。

总之，注册公司是企业获得合法身份的重要环节，是我们创办企业的第一步。为了企业的长远发展，我们需要在一开始就打好坚实的基础，对这看似简单的一步予以足够的重视，并且严格按照法律的规定执行每一个环节。

公司核名：成立新公司的准备工作

一个公司如果能够有一个好名称，就等于有了一个好的开始。一个好的名称，不仅会随着时间的推移及公司的发展变得越来越有价值，还可以展现公司的文化，彰显公司的核心理念，甚至可能在公司成立之初，给公司开拓一条好的道路。

但是，根据《中华人民共和国公司法》的相关规定，给公司取名是要受到一定限制的，相对于给人取名，有很多讲究和要求。

◆公司名称的形式

公司名称的结构一般为：注册地区+字号+公司业务+组织形式。其中，字号一般由两个或两个以上汉字组成；而公司业务种类繁杂，其表述要和公司的经营范围保持一致；而组织形式就表示该公司的组织形式，比如股份有限公司。

举个例子，比如当年在中国奶粉界占据一席之地的三鹿奶粉，曾经因为爆发三聚氰胺污染事件于2009年被石家庄市中级人民法院宣布破产。想必直到现在还有许多人对该公司的全称不了解，我们可以根据公司名称的一般结构来推断一下。注册地区为石家庄，字号为"三鹿"，公司业务为奶粉，公司的组织形式为股份有限公司。根据以上信息我们的推断是"石家庄三鹿奶粉股份有限公司"。但是其实三鹿的经营范围很广，包括奶牛饲养、乳品加工、科技研发等，是一个大型集团企业，所以其真正的名称是"石家庄市三鹿集团股份有限公司"。

◆公司名称不予核准的情形

根据国家工商行政管理总局公布的《企业名称登记管理实施办法》第三十一条规定，符合以下情形的公司名称是一定不予核准的：

（1）与同一工商行政管理机关核准或者登记注册的同行业企业名称字号相同，有投资关系的除外；

（2）与同一工商行政管理机关核准或者登记注册符合本办法第十八条的企业名称字号相同，有投资关系的除外；

（3）与其他企业变更名称未满1年的原名称相同；

（4）与注销登记或者被吊销营业执照未满3年的企业名称相同；

（5）其他违反法律、行政法规的。

符合上述情形的公司名称，是一定不被核准的。创业者或者企业家们在给公司准备预选名称的时候，一定要避开这些情形，以免在公司核名这一环节浪费不必要的精力和时间。

总之，一个好的名称是公司企业文化的重要体现。在当前发展形势中，中小企业已经逐渐感受到企业文化对企业发展的重要性。因此，未来的企业应当对公司取名更加重视。给公司取名并不容易，大家给公司取名时不仅要注重体现企业特点，彰显企业文化，还一定要符合法律的规定。

中小企业认缴出资的法律责任

认缴出资的法律责任与实缴出资的法律责任有什么区别吗？首先我们要了解《中华人民共和国公司法》对有限责任公司的注册资本有什么要求。根据《中华人民共和国公司法》第二十六条有关注册资本的规定，我国公司的资本注册实行认缴制。该规定内容是：有限责任公司的注册资本为在公司登记机关登记的全体股东认缴的出资额。

但是，认缴不是不缴，公司章程应当规定股东的出资方式、出资额和出资时间。股东应当按照公司章程所约定的时间，足额缴纳各自认缴的出资额。这也是《中华人民共和国公司法》第二十五条与第二十八条明文规定的。

通过这些规定，我们大致可以理解为：认缴，就是在规定的时间内慢慢缴，并不要求股东一下子全部缴清其承诺的出资额。这样可以大大减轻股东的资金压力，同时也为年轻的创业者们打开了创业之门。但是这样的出资方式能否保障他人的合法权益？认缴出资的法律责任到底是怎样的呢？

◆认缴出资的内部法律责任

第一，股东应当按期足额缴纳认缴出资额，遵守公司章程的规定。如果逾期未予缴足，除了缴足应当缴纳的出资额之外，还要对按期足额缴纳出资的股东承担违约责任。

第二，表决权不受到影响。根据法律规定，股东会会议的表决权按照股东出资的比例行使，因为《中华人民共和国公司法》规定公司资本注册实行认缴制，所以行使表决权的出资比例是认缴出资额的比例，不受实缴出资额的影响。

第三，股东的自益权可能受到限制，比如利益分配请求权、新股优先认购权、剩余财产分配请求权等。这些未足额出资的股东的自益权会受到公司章程的约束。

第四，分红权将受到影响。一般情况下，公司运营的红利将按照股东的实际出资比例进行分配。当然，股东们也可以自行约定，不按照出资比例分红。

◆认缴出资的外部法律责任

第一，有限责任公司的股东以其认缴的出资额对公司承担责任。在"狭隘"的理解下，认缴和实缴所承担的责任应当是一样的。

第二，公司股东如果滥用公司法人的独立地位和股东的有限责任，严重损害债权人利益，要承担连带责任。也就是说，恶意不履行出资义务，意图坑害债权人的，将对公司债务承担连带责任。

我国实行认缴出资的法律制度，降低了公司成立的门槛，大大地激发了人们自主创业的热情。越来越多的"打工人"为了实现自己的梦想勇敢地涌入了自主创业的行列中。但是我们必须清楚，认缴出资制度虽然降低了创业的门槛，但并不意味着降低了创业的风险，减轻了创业者的法律责任，因此，我们在认缴出资时一定要量力而行。

隐名股东、显名股东和股权代持

隐名股东是相对于显名股东来说的。隐名股东是实际的出资人，但是借用的是显名股东的名义。隐名股东与显名股东之间所签订的协议，就是股权代持协议。股权代持协议在隐名股东与显名股东二人之间是有效的。

隐名股东与显名股东有时候就像"正身"与"替身"的关系。在实践中，"正身"的地位能否得到承认，是根据实际情况的不同而有所区别的。有时候，"替身"摇身一变会成为"正身"，而"正身"则成为"债主"。换句话说，当隐名股东的股东权利得不到认可的时候，那么双方的投资关系将被认定为债权和债务的关系。

而在实践中，隐名股东能否实际享有股东权利，很大程度上取决于他实际上是否参与了公司的经营活动。由于某种原因，隐名股东不便于用自己的名义注册，所以借用他人的名义进行工商登记，而自己实际依然参与公司的经营活动，而且对于该情况其他的股东是知晓的，在这种情况下，隐名股东的"正身"地位就会得到承认与肯定。相反，隐名股东只不过有经济实力投资，并没有时间、精力经营公司，是以他人名义注册成为股东的，其"正身"地位一般不会得到承认，而隐名股东与显名股东之间的协议仅仅在二人之间有效，二人的关系就是债权和债务的关系。

想要成为公司股东就得投资，因此出钱是成为股东的实质要件；而真正登记在公司章程的名称，却是成为股东的形式要件。在实质和形式能够分离的条件下，隐名股东和显名股东才有出现的可能。不过，《中华人民共和国公司法》并没有直接对隐名股东和显名股东进行规定。隐名股东的股东地位是否应当得到承认，甚至隐名股东是否应当存在，这个问题在理论界一直存在争议。不过，虽然该法没有直接的规定，但是毕竟隐名股东与显名股东之间还有合同，他们之间的法律关系应当依靠合同法来调整。

但是，在股权代持协议下，不仅仅存在隐名股东与显名股东的合同关系，隐名股东、显名股东与公司之间的关系，以及隐名股东、显名股东与公司外第三人之间的关系都值得分析与研究。

◆隐名股东、显名股东与公司之间的关系

隐名股东虽然进行了投资，但是隐名股东缺乏成为公司股东的形式要件。而显名股东虽然登记于公司章程，符合股东的形式要件，但是并没有进行实质的投资，缺乏一定的实质要件。因此，当实质要件与形式要件发生矛盾时，隐名股东与显名股东之间就会产生纠纷。

当隐名股东与显名股东发生股权纠纷时，隐名股东的股权权益与地位能否得到承认会受到一定条件的限制。

通常来说，在股份有限公司中，隐名股东的股东地位很难得到承认。因为股份有限公司具有开放性和公众性的特点，公司信息的披露是其非常重要的义务，所以显名股东符合成为公司股东的形式要件，较为贴合此类

公司信息披露的公开性。

而在有限责任公司中，隐名股东的地位能否得到承认还要看其是否满足下面两个重要条件。

（1）实际参与公司的经营。实际参与公司经营的隐名股东有更大概率获得其实质的公司股东地位。

（2）得到其他股东的同意。其他股东的同意是一个非常重要的因素。根据《最高人民法院关于适用〈中华人民共和国公司法〉若干问题的规定（三）》（法释〔2011〕3号）第二十五条第三款规定："实际出资人未经公司其他股东半数以上同意，请求公司变更股东、签发出资证明书、记载于股东名册、记载于公司章程并办理公司登记机关登记的，人民法院不予支持。"也就是说，隐名股东的股东权益要得到实现还需要经过变更登记，而变更登记需要得到其他股东半数以上的同意。

◆隐名股东、显名股东与公司外第三人之间的关系

隐名股东与显名股东之间签署了股权代持协议的，该协议只在这二人之间生效，对于公司之外的第三人是没有任何法律效力的。这有点儿像物权法中的代理关系：隐名股东就像被代理人，显名股东就像代理人。

对于第三人来讲，代理人与其产生的交易，是不会牵涉到被代理人的。哪怕是无权代理，对于不知情的第三人，与代理人签订的合同依然是有效的。那么，股权权益同样适用于此道理吗？当然，《最高人民法院关于适用〈中华人民共和国公司法〉若干问题的规定（三）》第二十六条第一款规定："名义股东将登记于其名下的股权转让、质押或者以其他方式处分，实际出资人以其对于股权享有实际权利为由，请求认

定处分股权行为无效的，人民法院可以参照物权法第一百零六条的规定处理。"

　　总之，创业者要记住以下三点：

　　第一，只要不违反法律规定，股权代持协议在隐名股东与显名股东之间就是有效的。

　　第二，对于公司内部来讲，隐名股东和显名股东到底谁有股东权益，主要取决于隐名股东是否参与公司经营。

　　第三，对于公司外的第三人来讲，隐名股东一般是不与第三人发生接触的。即便是显名股东逾越了股权代持协议的约定，越权行使权力，也同样是有效的。此时，隐名股东与显名股东之间就是债权与债务的关系。

公司设立分支机构的形式选择

公司的分支机构很抽象，我们不妨把公司想象成一棵树，而分支机构就相当于这棵树的树枝、树叶，它们都有相应的功能，为树提供支持。当树上结了果实，果实成熟后掉落到地上，种子发芽并长成另一棵树，这时我们就不能再说这棵小树是这棵树的分支，而是这棵树的"儿子"。

同样的道理，在公司主体之外，为公司服务，承载一定功能的机构，比如办事处、分公司等，是公司的分支机构。但是，子公司却因为其是一个独立的公司而并不被视为母公司的分支机构。严格来讲，子公司不是其母公司的一个分支机构，但是在习惯上，人们仍然称之为公司的法人分支机构。用"法人"的称呼来凸显子公司的独立地位，以"分支机构"来表现其与母公司的紧密联系。

与子公司相对应的，就是分公司。我们仅从名称上就能轻易判断出分公司才是实际意义上的公司的分支机构。因为，分公司并没有独立的法人资格，因此也被叫作公司的非法人分支机构。与子公司相比，分公司是无法单独承担法律责任的。

在实践中，还有一个"办事处"的说法。办事处其实比分公司的地位还低，它除了没有独立的法人资格外，甚至没有经营资格。在很大程度上，办事处更像是公司与市场的联络处，有的办事处还对其公司的业务活动起到一定的监督作用。不过，现在由于某种原因，办事处基本上已经不存在了。

◆分公司与子公司的区别

1. 名称不同

分公司一般是没有独立名称的，而是经常被登记成"××××公司分公司"，是带有其主公司印记的。而子公司可以有更多的选择，一般以其主要业务来注册公司名称。

2. 法定代表人名称不同

在分公司中，法定代表人一般被称作负责人，这是为了与主公司做一定的区分，也让我们更加容易辨认。而子公司的法定代表人不会再有其他的名称或者叫法。

3. 财务部门不同

在分公司中，一般情况下是没有属于自己的、独立的财务核算部门的，其盈亏也由主公司来负责。当然，在实践中存在个别案例的例外。而子公司的情况却恰恰相反，不仅其财务是独立的，而且其本身就具备独立的人格。

"揭开公司面纱"法律原则

人的面纱是用来遮脸的，何谓公司的"面纱"？公司的"面纱"也是用来遮挡、掩盖某些东西的。

"公司面纱"是用来"遮挡"责任的。公司是一个独立的法人，对其法律行为和债务等是要以其全部的出资来承担责任的。如果公司的资产不足以清偿债务，那么债权人就不能直接向股东主张权利，因为股东也是具有独立人格的，债权人只能以其出资额为限主张权利，而阻挡债权人直接向股东主张权利的阻碍，就是"公司面纱"。

公司有着这层"面纱"，是不是就意味着总会有一些债权人的债权不能完全得到主张，更会有一些狡猾的债务人利用这层"面纱"去欠债呢？答案是肯定的，而且此类现象在以往有很多，甚至一度猖獗泛滥。所以，有一些法学家就发表了许多观点，试图揭开公司的"面纱"。因此，时至今日，"揭开公司面纱"成为现代公司制度的核心内容之一。

"揭开公司面纱"还有许多其他的名字，如今最常用的就是"公司人格否认"。"揭开公司面纱"也罢，"公司人格否认"也罢，这一法律原则就发生在控制股东滥用公司法人资格，或者因为其有限责任制度会严重损害债权人的利益的时候，法院或者仲裁庭可以责令控制股东对债权人直接负责的规则。

这一规则在我国法律中有明确的体现，《中华人民共和国公司法》第二十条第三款规定："公司股东滥用公司法人独立地位和股东有限责任，逃避债务，严重损害公司债权人利益的，应当对公司债务承担连带责任。"

中小企业的治理结构问题

在分析中小企业的治理结构问题之前，我们需要先了解一下公司治理结构的真正含义。公司治理结构，是指为了有效地实现资源配置，公司股东对公司的经营管理和绩效改进等进行监督、激励、控制和协调的一整套制度安排。这套制度安排不仅能够反映公司的绩效与参与各方之间的关系，还决定了公司的发展方向。

什么结构最稳定？学过小学数学的人都能够不假思索地脱口而出——三角形。基于三角形是世界上最稳定的结构这一科学原理，公司治理结构的基础也一定是三角形。也就是说，公司比较重要的部门，不能处于"在一条直线上"的状态。公司最重要的三个部门一定要形成"处于一个三角形的三个顶点"这样的关系。只有三个部门相互制约而不是级级传递，才会形成一个稳固的三角形结构。

从《中华人民共和国公司法》中我们能够了解到，公司的组织结构或者部门有以下几个：股东大会、董事会、监事会、经理等。比较典型的公司治理结构就是股东大会、董事会与执行经理作为三角形的三个顶点，形成一个有相互关系的三角形框架。而规模较大的公司会形成一个立体的三角体结构：在一个底面上，董事会、监事会与经理形成一个三角形；在三角形内上升一个点，与三角形各点相连形成一个三角体，这个点就是股东大会。

上述就是公司治理结构的基本面貌，下面以此为根据浅议一下其作用、缺陷及完善的方向，希望中小企业家们能够从中获得一些启发。

◆公司治理结构的作用

公司治理结构能解决公司的三个基本问题。这三个问题决定了公司未来的发展。

（1）保证股东们的收益。在一个企业中，股东与企业的利益关系是最重要的关系之一。而公司治理结构就是要协调这种关系，因为公司的所有权与经营权可以说不是经常统一的。当股权较为分散时，股东就有可能失去对自己公司的控制。如果掌握企业经营权的人做出了侵害股东利益的决定，则会损害企业的长期发展。而公司的治理结构就是为了在制度上能够保证股东们对公司的控制及获得应有的收益。

（2）调整公司内部利益团体的关系。让公司内部的利益团体意识到公司的利益是公司内部团体的共同利益，并通过强化公司内部管理的方式培养他们的团队精神，让他们不断地团结协作，形成良好的工作氛围，如此才能够调整好团体内部人员的关系。

（3）提高企业的受挫能力。合理的公司治理结构能有效缓解各利益关系的冲突，增强企业自身的抗风险能力。

◆公司治理结构的缺陷

对于中小企业来讲，一般不用考虑债权筹资的比重问题。但是，另一个较为棘手的问题容易在中小企业中出现，那就是董事会结构不合理导致权力的失衡。

股东大会休会期间，董事会可以说是公司中权力最高的组织机构，董事们又是从股东中选举产生的，因此，持股比例高的人更容易通过操控董事会来操控整个公司。而经理层又是董事会聘任而来的。这样的恶性循环可能导致董事们自己管理自己、自己评价自己情况的出现，进而损害其他小股东的利益。

◆公司治理结构的完善

对于公司治理结构的完善，经过整理与归纳，大致可以得到以下经验。

（1）建立责任机制，完善股东制度。

（2）继续推进产权制度改革，建立合理的股权结构与债权结构，让利益相关者能够实际参与到公司的日常管理中去。

（3）加强外部监管，尽可能地发挥投资者在公司治理中的独特作用。

（4）为公司发展创建良好的外部环境，完善公司的治理体系。

股东资格认定问题

股东资格是指各民事主体作为公司股东的一种身份和地位，又叫作股东地位。享有股东资格，就意味着享有股东应有的权利，同时也要承担股东应承担的责任，履行相应的义务。

前面我们已经简单介绍过隐名股东、显名股东等概念，我们知道了股东资格的获取及认定没有那么简单。接下来我们就详细介绍股东资格获取的限制及股东资格认定的相关问题。

◆股东资格获取的限制

股东资格不是随随便便就能够获取的，其会受到法律的限制。

1. 自然人

自然人作为股东会受到行为能力的限制。虽然《中华人民共和国公司法》中并没有明确讲自然人作为股东的要求，但是我们知道股东的职责包括投资、签订协议等，这个就要求自然人作为股东必须具备完全行为能力。

2. 法人

法人似乎和自然人不同，因为法人本身一定具备完全行为能力。但是法人作为股东还要受到其自身的限制。从法人的分类来看，法人有营利性法人和非营利性法人。由于股东具有获取盈利的性质，因此，非营利性法人不能够获取股东资格成为股东。

除此之外，公司也是法人，那么，公司能成为自己的股东吗？——当然不可以。公司成为自己的股东会导致权利义务关系混乱、公司实际资本减少等问题，因此，公司不能成为自己的股东。既然如此，那么公司的法定代表人也不能成为自己企业所投资设立的有限责任公司的股东。

除了自然人、法人成为公司股东的限制之外，股份有限公司还有一个特殊的情况，那就是设立股份有限公司须有半数以上的发起人在中国境内有住所，这一项内容的相关规定见《中华人民共和国公司法》第七十八条。

◆股东资格认定的相关问题

（1）出资并非获取股东资格的必要条件。首先要考虑隐名股东与显名股东的问题。前面提到过，隐名股东符合股东出资的实质要件，而显名股东符合股东的形式要件。二者最终谁具备股东资格，在实践中仍然存有争议。更何况，《中华人民共和国公司法》规定，我国实行认缴制，这也说明股东的实际出资与股东资格并没有必然的联系。

（2）公司章程的记载也不能作为股东资格的完全确认依据。公司章程作为公司的自治性规则，虽然具有对外的公示作用，但是公司章程并非一成不变的，股权变动会导致公司章程有所修改，而这个修改并非一蹴而就，是要经历一定过程的。在股权发生变动之后、公司章程修改完成之前，股东资格仍然存有争议。

（3）股东名册是认定股东资格的证据之一，但也不是唯一的证据。

　　股东名册只在公司内部公开，在公司与股东之间有公示作用。看起来股东名册之外的人不具备股东资格，但是名册未记载的人不一定完全排除对公司义务的履行。

　　（4）具有股东凭证的人具备股东资格，但是没有股东凭证的人不一定不具备股东资格。

　　（5）工商登记只具备宣示功能而非设权功能，因此，同样不是获取股东资格的必要条件。

◆股东资格认定的规则

　　（1）隐名股东经过公司其他股东半数以上同意，可以获得股东资格。

　　（2）信托公司股东向外转让股权经过银监会的同意后，受让人可以获取股东资格。

　　（3）实际出资人认购股权，证明其有参与股权收购的出资合意的，具备股东资格。

　　（4）显名股东解除与隐名股东股权代持关系的，具备股东资格。

　　（5）公司内部发生股权争议，具备实质要件的获取股东资格。

董事会职能履行问题

　　董事会是公司的经营决策机构。根据《中华人民共和国公司法》的相关规定，公司设立董事会，由股东大会选举产生，管理公司事务，对外代表公司进行决策和执行业务。

　　根据董事会的定义我们了解到，董事会分为两个层面：一个是对公司内的，掌管公司事务；一个是对公司外的，代表公司进行决策、执行业务等。

　　因为董事会是由股东大会选举产生的，因此，董事会也对股东大会负责。根据法律规定及实际情况的总结，董事会可以行使以下职权：①负责召集股东大会，并向股东大会汇报工作；②执行股东大会决议；③决定公司的生产经营计划和投资方案；④制订公司的年度财务预算、决算方案；⑤制订公司利润分配方案和弥补亏损方案；⑥制订公司增加或减少注册资本以及发行公司债券方案，制订公司合并、分立、解散或者变更公司形式等的方案；⑦决定公司内部管理机构的设置；⑧决定聘任或解聘公司经理及其报酬以及相关事项；⑨制定公司的基本管理制度；⑩公司章程规定的其他职权。

　　那么，董事会应当如何正确、科学地履行自己的职能呢？根据董事会实践所产生的问题，可以总结出以下经验。

1. 避免越权，明确职责范围

董事会几乎是公司常态下最高的权力机构，要想正确、科学地履行董事会的职能，董事会成员必须熟练地掌握董事会的职责和活动规则，依据《中华人民共和国公司法》、公司章程等对公司展开管理工作。明确董事会承担的职责范围及操作规则的边界，是董事会正确履行其职能的前提。

2. 保持专业，坚持独立思考

将军不要做小兵做的事。以三国时期的诸葛丞相为例，他在世的时候确实非常能干，把蜀国治理得井井有条。但是，在他去世之后，蜀国就不可避免地走向了灭亡。因为，诸葛丞相的缺点就是事无巨细，恨不得全国的事务都亲自处理，却忽视了对青年人才的锻炼和培养，最终使得可造之才没能成才，已经成才的也因为无用武之地而心灰意冷。俗话说"杀鸡焉用宰牛刀"，不仅仅是因为用牛刀杀鸡太过容易，更是因为，用牛刀杀鸡，就无刀杀牛了。

董事会要保持专业性，要能够做到"运筹帷幄之中，决胜千里之外"，而不是把自己的工作重心放到日常管理的小事上，应当多角度地为公司的长远发展思考对策，为公司的可持续发展提出建议。

3. 及时交流，保证会议质量

董事会对于公司来说，更像是一个家庭中的家长。无论何种层面的家庭，家长与成员的有效沟通都是维系一个家庭长期稳定的有效手段。而董事会更加如此，对上要面对股东大会，对下还有经理、员工等各层组织。在董事会履行职能期间，保持良好的沟通对于一个公司形成长期和谐稳定的环境尤为重要。

　　总之，董事会对公司日常的运转承担决策职责，是一家公司的主心骨。在当今高速发展的社会，任何一个首脑机构都必须不断地学习，才能够不被潮流抛下，才能更好地去领导、去决策，从而引领公司稳步向前。

监事会独立履行监督职责问题

监事会是根据《中华人民共和国公司法》第四章第四节的规定，由股东大会选举的监事和公司职工民主选举的监事组成的，用来监督和检查公司业务活动的法定必设及常设机构。

◆监事会的主要职权

监事会的主要职权有：检查和监督公司的财务；检查和监督公司董事会和经理层的管理行为；要求公司管理层停止侵害公司利益的行为；提议召开临时股东大会；公司章程给予的其他职权。也就是说，监事会不仅有检查和监督的权力，还有要求和提议的权力。

◆监事会如何履行自己的职责

监事会应当如何正确、科学地履行自己的职责呢？根据监事会在实践中产生的问题，可以总结出以下经验。

1. 严格选拔，提高监事质量

在实践中，监事会一直存在监事成员数量不足、监事人员素质参差不齐的现象。这种现象会导致监事会的检查工作进展困难，非但不能有效、全面地检查工作，更无法在检查工作中做到深入细致、抓住重点。这样就可能给企业造成巨大的风险。

因此，为了规避这种风险，监事的选拔必须要有严格的选拔制度及选拔规范。在人员构成上要进行专业的组合，在会计、管理等各专业部门中选拔优秀人才，提升监事的质量。只有这样，监事工作才能落到实处，而不是沦为摆设。

2. 高薪激励，保证监事的积极性

监事会是由一个个活生生的人（监事）组成的，监事工作对一个公司来说是至关重要的，但也是艰巨和复杂的。尤其是监事在日常工作中发现并且排除风险，为公司做出巨大贡献之后，如果仍然不能够得到相应的奖励，甚至平时的薪水也是普普通通，那么就会大大打击监事的积极性。

因此，建立合理的高薪激励机制尤为重要。专职监事的薪酬应当和绩效挂钩，有重大突出贡献者，公司应当给予相应的特殊奖励。只有建立起合理的高薪激励机制，满足监事们对于薪酬的预期，才能促使监事们一直保持积极高效的工作态度。

3. 建立监事问责制度，规范监事职责

有了严格的选拔机制和合理的高薪机制，监事会的监事工作就一定万无一失了吗？当然不一定。在一个企业中，监事的权力是非比寻常的。当高高在上的权力缺少了监督，权力的使用就很有可能会出现问题。

监事负责监督公司的内部事务，那么，谁来监督监事的事务呢？寻求外部监督未尝不是一个办法，但是就中国目前的国情来看，寻求外部监督的措施还在探索的过程中，并非一朝一夕就能够到位。除此之外，

目前最为有效的办法就是建立监事问责制度，如果监事有违法行为或者其他越权行为和失职行为，公司可以通过问责机制追责，要求监事承担相应的法律责任，赔偿相应的损失。

◆**总结监督经验，归纳监督方法**

　　监事的监督方法是可以归纳总结的，寻找出行之有效的监督方法并归纳出来，进而合理、准确地应对某一类问题，是行之有效的监督方法，也是高效的方法。

　　了解企业内部的体系建设情况，对重大风险进行正确的评估与预防，可以为企业日后的监督提供依据。对于日常的工作内容也应当进行归纳整理，以为后续的监督工作积累经验。除此之外，监事会应当按期对企业的情况进行深入的检查和充分的研究。在此基础上，再经过归纳、核实和总结，一定会整理出相对完善的监督经验。

股权代持的风险与防控

股权代持是指实际出资人以协议约定的方式，借用别人的名义来实现自己股东权益的一种股权处置方式。

股权代持虽然方便，但是一旦产生纠纷，解决起来也非常麻烦。

我国法律对股权代持的规定并不全面，但是有些条款还是会涉及与之相关的内容。比如《最高人民法院关于适用〈中华人民共和国公司法〉若干问题的规定（三）》第二十五条规定就首先明确只要是不违反合同法，股权代持协议就是有效的。发生争议时，实际出资人履行了出资义务的，也会得到法院的支持。但是在变更登记时必须得到半数以上股东同意，否则法院不予支持。某些涉及的情形，有法可依，但是在实践中出现的情况是多种多样的，仅凭现有的与之相关的规定，是难以一概而言的。

所以，在面对股权代持这种情况时，相关人员应当提前了解股权代持的风险并掌握防范风险的方法，以便在追求股权代持给自己带来便利的同时能尽可能地避免法律风险。经过对实践经验与材料的分析，关于股权代持，大致可以归纳出下面几点值得大家注意的情况。

1. 遵守相关法律，避免代持协议无效

代持协议的本质依然是合同。合同是否有效，要看合同的内容是否符合法律规定。《中华人民共和国民法典》明确规定了合同的无效情形。欺诈胁迫、恶意串通损害国家利益、以合法形式掩盖非法目的、明显损害公共利益、违反法律及行政法规等情形都会导致股权代持协议无效。

除了明显违反《中华人民共和国民法典》第五百零六条之规定的合同是无效的，还有以下几种情形也是无效的。

第一种是身份违法，比如公务员。公务员是不能经商的，以股权代持协议的形式来经商的情况违反了《中华人民共和国公务员法》。

第二种是违反禁令，比如外国人。有些行业是禁止或者限制外商进入的。外国人为了规避这种禁令或者政策，通过股权代持协议力图达到其目的的情形。

第三种是违反规定。有些隐名股东为了规避我国法律的禁止规定，以签订股权代持协议来完成投资的情形。

投资者如果了解这些法律上的禁令或者相关规定，那么，在与人签订某些股权代持协议时就能够对双方的情况进行仔细研究，一一甄别，从而避免签订存在合同无效因素的代持协议。

2. 明确违约责任，提防显名股东恶意侵害

隐名股东把本应属于自己的股权委托给显名股东代持，其本身就是具有一定风险的行为。再加上在商业活动中，显名股东难免会受到各种利益的诱惑。有些显名股东把持不住底线，违背协议约定，很容易做出侵害隐名股东权益的事情。

因此，隐名股东应当了解如何对显名股东进行防范，以保证自己的股东权益不受侵害。隐名股东应当做到以下几点。

第一，限制显名股东的部分权利。对股东权益中的重大权益，比如表决权、分红权等进行限制，要求显名股东将部分权利对外宣示委托给自己或者自己信任的人。

第二，对财产权进行合理的约定，避免显名股东私自处置自己的股权权益，确保自己享有财产所有权。

第三，约定高额违约责任，提高显名股东的违约成本。

3. 提前披露代持信息，否则股东身份难以确立

当隐名股东与显名股东发生争执，或者由于其他原因，隐名股东想要确认其股东身份的，需要经过半数以上的股东同意。否则，隐名股东无法得到股东身份的确认，并且无法进行变更股东名册、公司章程、出资证明及办理登记等活动。这也是隐名股东向显名股东主张股东权利的根本。

因此，为了避免此类风险的发生，隐名股东应当向公司和公司其他股东披露股权代持的情况，争取得到其他股东提前出具的声明，放弃对自己股权的优先购买权。

4. 代持股权被执行，提早防范很重要

如果显名股东成为债务人，那么隐名股东的股权就会有危险。因为在法律上，对第三人来说，显名股东就是股权的权利人。一旦显名股东产生了债务，其代持股权就可能被执行。

因此，此类的法律风险对于隐名股东来说是极为不利的，建议采取下列措施，以防范代持股份被强制执行的风险。

第一，可以通过信托的方式完成股权代持。

第二，协议明确排除显名股东的财产权利。

第三，要求显名股东将其代持股份质押给委托人。

　　目前，我国相关法律关于"股权代持"的规定并不完善，股权代持对于出资方与代持方都具有非常高的法律风险。因此，在股权代持是唯一选择的情形下，出资方与代持方签订代持协议时，必须遵守法律规定，并尽量建立良好的纠纷解决机制。

公司人格混同会带来什么后果

什么叫公司人格混同？公司和股东如果能够彻底分离，那么公司就能够取得独立法人资格。这种分离指的是在财产、经营管理等方面，公司与股东的彻底分离。然而在实践中，这是很难做到的。虽然公司在法律上拥有独立的人格，但是实际上公司这个法人是被股东控制的，公司在财产与业务上是和股东混同的。这就导致了公司人格混同现象的发生。

在实践中，公司人格混同主要有以下几种表现：母公司与子公司之间的人格混同；公司相互投资导致的人格混同；利益一体却表面独立的"姐妹公司"之间的人格混同。这几种情形统称为"关联公司人格混同"。

在关联公司人格混同的确认上，有三个因素需要考虑。

第一个因素就是外部因素。也就是说几个公司必须是关联公司，至少要有关联公司的特征。比如，人员上的交叉重叠、业务活动的彼此不分，以及公司账目的相互关联。就是我们常说的"三同"：人员同、业务同、财务同。

第二个因素是实质因素。两个长得像的人不一定是双胞胎，因为基因可能完全不一样。公司也是如此，只通过外部特征来判断几个公司是否存在关联未免太过草率。有了特征的前提，还要研究其实质因素——公司财产是否独立。关联公司之间财产归属不明、各自财产难以区分是关联公司人格混同的实质因素。

第三个因素是结果因素。《中华人民共和国公司法》第二十条第三款规定："公司股东滥用公司法人独立地位和股东有限责任，逃避债务，严重损害公司债权人利益的，应当对公司债务承担连带责任。"这就说明，关联公司人格混同的结果因素是指人格混同的结果达到严重损害债权人利益的程度时，法院才否认关联公司的法人人格，让关联公司之间承担连带责任。

如果公司人格混同严重侵害了债权人的利益，其后果就是，关联公司相互之间对外部债务承担连带责任（股东对外承担连带责任）。

第二章

股权分配——规避创业合伙风险

股权激励中的股权可以转让、赠予或继承吗

股权激励中的股权是否可以转让、赠予或继承呢？我们首先来看一下股权激励的定义：股权激励，也称为期权激励，是企业为了激励和留住核心人才而推行的一种长期激励机制，是目前最常用的激励员工的方法之一。

仅仅通过定义来看，股权激励是一种企业用来激励员工的方法或者说是公司制度，该股权是无法转让、赠予或者继承的。因为股权激励从定义上来看并非一种权利。不过，仅仅通过定义来判断股权激励的性质或许有些片面，因为股权激励的定义也仅是诠释其内涵的一个角度而已。

从公司的角度来看，股权激励是有目的的，其激励的对象也是有特殊贡献的。这样来看，股权激励的是特定的对象。如果激励获得者把这种权益转让、赠予了他人，或者发生了继承等情况，则有违股权激励制度制定者的初衷。

从员工的角度来看，股权也好，股权激励也罢，都是通过自己的辛勤工作得来的应有的奖励或者报酬。该项权益具体应当如何处置，应当由员工自己决定。

所以说，股权激励到底应当如何处分，我们还应当了解一下股权激励

的实质内容，并根据其内容来权衡处分的方式。

◆ 股权激励的模式

1. 虚拟股

此模式让获得相关奖励的员工得到一部分分红权。公司的股权结构不会有任何实质的变化。

2. 实际股

此模式让获得相关奖励的员工得到一部分股权。公司的股权结构是有实质变化的。

3. 结合股

此模式让获得相关奖励的员工先获得一部分分红权，等满足某些条件后可以认购这部分股权，实现真正的股东地位。

◆ 股权激励的处分

股权激励的处分的实现，应当结合股权激励的实质模式。

如果是虚拟股，根据其特点，应当是不允许被转让、赠予或者继承的，员工只能在在岗的情况下获得。

如果是实际股，且最终实现了结合股，那么员工有权利将其转让、赠予或者继承，因为，此时的激励已成为股权，其处分方式也应当同股权的处分方式一样。

当然，股权激励机制容易在实践中发生争议，在这种情况下，通过签订协议的方式进行约束或许是最简单有效的办法。

公司股东能否作为股权激励的对象

公司股东能否作为股权激励的对象？在解决这个问题之前，需要先搞清股权激励对象的范围，以及对象范围是否包括股东等问题。

◆ **股权激励对象的范围**

股权激励是公司为了留住人才，激发员工的潜力而设立的一种激励机制。从原则上来说，股权激励的对象不应当有高低之分，但是，为了让激励机制更加有效且合理，企业家们在制订股权激励方案时所选定的激励对象都会更加合理。

非上市公司的股权激励对象是不受法律限制的，其应当包括：公司董事、总裁、副总裁、财务负责人、中高层管理人员、部门副经理及核心业务骨干、核心技术人员、优秀的销售骨干、其他公司董事会认为对公司长远发展有重要作用的人员等。上市公司的股权激励对象是受到法律约束的，但是约束的范围也在非上市公司的股权激励对象当中。

◆ **公司股东作为激励对象的合理性**

不论是上市公司还是非上市公司，其公司内的董事、总裁、副总裁、财务负责人、中高层管理人员、部门副经理及核心业务骨干、其他公司董事会认为对公司长远发展有重要作用的人员等都有可能成为股权激励的对象。而上述人员的身份和岗位与其是否为公司的股东没有任何冲突。因此，公司股东同样可以作为股权激励的对象。

股权可以零价格转让吗

　　股权是有限责任公司或者股份有限公司的股东享有的人身和财产权益的一种综合性权利。首先，股权是可以转让的。股权转让就是公司股东依法将自己的股份让渡给其他人。这也是股东行使自己的股权的常见形式。

　　我国的市场经济体制正在平稳地向前发展，在我国市场经济体制的建设过程中，股权的自由转让制度就是现代公司制度的成功表现。

　　那么，股权的转让是毫无限制的吗？股权的价格会受到怎样的限制呢？其实，股权转让的限制有很多。

◆股权转让的限制

1. 内部的限制

　　《中华人民共和国公司法》第七十一条规定，有限责任公司的股东之间可以相互转让其全部或者部分股权。股东向股东以外的人转让股权，应当经过其他股东过半数同意；不同意的股东应当购买该转让的股权，如果不购买转让的股权，视为同意转让。

2. 场所的限制

　　《中华人民共和国公司法》第一百三十八条规定，股东转让其股份，应当在依法设立的证券交易所进行，或者按照国务院规定的其他方式进行。这是股份有限公司的股权转让的场所限制。

3. 时间的限制

《中华人民共和国公司法》第一百四十一条第一款规定，发起人持有的本公司股份，自公司成立之日起一年内不得转让。

4. 身份的限制

《中华人民共和国公司法》第一百四十一条第二款规定，公司董事、监事、高级管理人员应当向公司申报所持有的本公司的股份及其变动情况，并且在任职期间每年转让的股份不得超过其所持有本公司股份总数的百分之二十五；所持本公司股份自公司股票上市交易之日起一年内不得转让。上述人员离职后半年内，不得转让其所持有的本公司股份。

◆股权转让价格的限制

虽然股权转让的限制非常多，但是法律并没有对股权转让价格进行直接限制，股权的转让是可以零价格的。不过在实践中，以下三种情况例外。

1. 公司章程的限制

股权的转让除了要符合法律的规定，还要受到公司章程的约束。如果公司章程中对股权的转让做了价格的限制，那么股权不可以零价格转让。

2. 合同的限制

股东可以通过股权转让合同的约定来对股权转让的价格进行限制。公司与股东之间、股东与股东之间以及股东与第三人之间所进行的股权转让，其价格都可以通过合同约定来加以限制。

3. 税费的限制

无论公司章程及股权转让合同如何约定，哪怕股权转让的价格为零，但是根据《中华人民共和国税法》的相关规定，股权转让必须缴税。也就是说，在理论上，股权转让价格可以为零，但是在实践中，股权转让一定会产生一定的费用。

◆零价格转让股权的本质

零价格转让股权，本质上属于无偿赠予，并且一旦完成了交易，股权发生实际转移，赠予的撤销权就灭失了。想通过这种方式逃避缴税义务而签订阴阳合同的行为是违法的，而为了逃避债务采取零价格转让股权的行为会被撤销。

股东转让股权需要缴纳哪些税

股东转让股权是一定要缴税的。在转让股权的过程中可能会产生的税费主要包括个人所得税、企业所得税、印花税等。

当股东是自然人的时候，需要缴纳个人所得税。以股权转让收入减去股权原值以及其他合理费用之后的个人所得额，采用20%的税率比例进行计算。计算公式为：应纳税额=（转让收入-成本）×20%。

当股东是企业的时候，则需要缴纳企业所得税，除此之外还涉及其他的税费，包括增值税、契税、印花税等。

在股东是自然人的情况下，以下情形可以免除个人所得税：所投资企业连续三年及以上亏损的；因国家政策等原因导致低价转让股权的；转让给直系亲属的；经主管税务机关认定的其他合理情形等。

依法纳税是每一个公民都应当履行的义务，但是与偷税漏税不同，通过合法手段减少缴纳税款的合理避税是法律允许的。因此，股东在转让股权时，应当及时了解国家的相应政策，采取合法手段进行合理避税。

中小合伙企业需要设定经营期限吗

合伙企业必须设定经营期限吗？其实在《中华人民共和国合伙企业法》以及《中华人民共和国合伙企业登记管理办法》中并没有对经营期限做出特别的规定。合伙企业可以在合伙协议中约定经营期限，也可以不约定，但是约定了经营期限的一定要在合伙企业的登记事项中标明。没约定经营期限的，合伙人退伙时应当提前30日通知。

既然设定经营期限系合伙人之间自愿协商，那么，中小合伙企业是否应当设定经营期限呢？这里需要分析设定经营期限的利与弊。企业创始人可以根据对利和弊的权衡，来决定在与人开办合伙企业时是否应当协商约定经营期限。

◆设定经营期限对企业的影响

对于一个企业来讲，其发展需要经历不同的阶段，尤其是在企业的初创阶段，资金的充足与结构的稳定是特别重要的。在没有设定经营期限的情况下，合伙人可以自由退伙。即使法律规定，在不影响合伙事务的情况下，合伙人退伙需要提前30日通知，但也很难保证合伙人退伙对企业不产生任何不利影响。只不过有些影响引起的反应并不明显，也不迅速。30日的准备时间是否能够完全消除合伙人退伙对企业的影响，我们不得而知，但是一旦造成了影响，这个影响就可能会持续很长时间，最终引发何种后果也无法估量。所以，对合伙企业来说，能够根据其类型及发展周期等特点来设定合适的经营期限是利大于弊的。

◆设定经营期限对个人的影响

自由退伙制度其实是对个人的保护。当合伙人因为自身的原因或者察觉公司存在经营不善等其他可能损害自己权益，且合伙协议中没有规定经营期限的情况下，合伙人就能够及时抽身，以最大限度地保护自己的财产利益。可见，设定经营期限对于个人是弊大于利的。

总之，设定经营期限对企业与个人造成的影响是不同的。因此，合伙人在参与合伙事业、签订合伙协议时，对于是否设定经营期限要慎重考虑，既要考虑自身，也要考虑企业的发展。如果更重视企业的发展，合伙人就要争取在合伙协议中设定经营期限；如果更重视个人利益，合伙人则要争取在合伙协议中不设定经营期限，或协商设定时间较短的经营期限。

有限公司的股权转让价格可否自行定价

只要当事人不违反法律的强制性规定，没有损害国家和第三人的合法权益，股权转让价格是可以自行定价的。《中华人民共和国公司法》允许公司及股东在转让股权时对股权价格进行自由定价。

股权转让价格的定价方法有许多，具体如下。

1. 商议定价法

商议定价法，其实就是转让方与买受方商议定价。在不违反其他法律、不损害其他人利益的情况下，转让方与买受方可以平等友好地自由定价。俗话说得好，"周瑜打黄盖，一个愿打，一个愿挨"，至于价格合不合理，只要当事人自愿就可以。

2. 比照出资法

在转让股权时，转让方与买受方可以参照股东的出资额进行自由定价。

3. 比照价值法

以股权占比及公司的净资产额来确定股权价格，是在进行股权交易时最为合理的一种方法。

4. 审计评估法

有的交易还会请专业的审计公司或者评估公司对股权的作价进行审计和评估，以此来计算股权的转让价格。

5. 拍卖变卖法

股权是可以进行拍卖、变卖的，而拍卖价、变卖价就可以作为股权转让价格。

未约定分配比例时，合伙企业如何分配利润

根据《中华人民共和国合伙企业法》第三十三条的规定，合伙企业的利润分配、亏损负担一般情况下都是按照合伙协议的约定来处理的。如果合伙协议中没有约定相关事宜，或者约定不明确，则有以下三种解决方式。

1. 协商解决

合伙企业的最大特点就是它的人合性。简单来说，合伙企业就是几个合伙人商量着来。企业的一切事务，包括企业的利润分配、亏损负担都在合伙人商议的范围之内。《中华人民共和国合伙企业法》同样规定，没有约定分配比例的，可以协商解决。

2. 按出资比例分配

协商是解决问题的第一步。如果协商解决不了问题，那么还可以按照实际的出资比例进行分配。这种分配方式也叫"按份分配"，属于多出资、多收益，是比较合理的一种利润分配方式。

3. 平均分配

如果合伙公司的形式过于简单，又管理松懈，出资比例也不能确定，就只能平均分配了。

合伙人转让财产时是否需要征得其他人同意

合伙企业的合伙人转让其在合伙企业中的财产，是否需要得到其他人的同意？这个问题看似是在问合伙企业的合伙人处分属于自己的财产时是否会受到其他合伙人的影响，其实一旦这样考虑，我们就容易误入歧途。这个问题本质上是在问，一个合伙人邀请其他合伙人加入，或者要求更换合伙人，是否需要经过其他合伙人的同意。合伙企业的合伙人转让其在合伙企业的财产时，表面上是合伙人对自己财产的处分，本质上却改变了合伙企业的结构。

因为合伙人转让其在合伙企业的财产，最终的表现形式是合伙企业中要加入或者变更合伙人。合伙企业的最大特征就是其人合性，合伙人选择合作伙伴大部分是有特殊要求的，或者说合伙人之间合办企业，需要合伙人之间在某种意义上存在默契。如果其中一个合伙人可以随意处置自己的财产，造成合伙企业的结构发生变化，这样就会违背其他合伙人合伙的初衷，合伙企业的稳定性就会大大降低。

因此，除非在合伙协议中约定任意合伙人可以随意处分自己在企业中的财产，否则合伙人在转让财产时必须征得其他合伙人的同意。

◆合伙人转让财产的法律依据

《中华人民共和国合伙企业法》

第二十二条　除合伙协议另有约定外，合伙人向合伙人以外的人转让其在合伙企业中的全部或者部分财产份额时，须经其他合伙人一致同意。合伙人之间转让在合伙企业中的全部或者部分财产份额时，应当通知其他合伙人。

合伙人财产份额出质问题

合伙企业跟其他类型的企业相比有其存在的特殊性。如果合伙人用合伙企业的财产份额出质，不仅会影响合伙企业财产的使用和管理，而且可能会直接侵犯到其他合伙人的财产权益。所以，企业家在面对合伙人出质其财产份额时，要谨慎地做出正确的选择。这需要企业家对合伙人财产份额出质的相关问题有一个详细的了解。

◆ 质权设立的程序问题

权利的质押有两种设立方式：第一种是交付设立，就是权利人将自己的权利凭证交付给质权人，交付之时，质押权就设立了；第二种是登记设立，这需要权利人向有关部门进行登记，质押权自登记时起设立。

但是，合伙企业的财产份额是不能转移占有的，因此，合伙人想要出质其财产份额，必须到有关部门登记，设立质权。这是合伙人财产份额出质的程序。

◆ 质权设立的限制条件

第一，普通合伙人想要出质其财产份额，必须经过其他所有合伙人的同意。这时，任何一个合伙人都拥有一票否决权。

第二，有限合伙人在有限合伙企业中的财产份额的出质，一般会受到合伙协议的限制。合伙协议约定不能出质的，不得隐瞒相关情况，损害债权人的利益，更不能随意出质，影响公司的正常经营。

第三，合伙人想要设立质权，设立范围不能超过自己在合伙企业中所占有的份额。

◆质权设立的弊端

合伙企业与其他企业不同，很多信息都不公开，具有一定的封闭性。合伙企业一般不会向社会公开其财产状况等重要信息。因此，如果合伙人对其出质的财产份额有所隐瞒，那么债权人就很难享有知情权。这样就会导致债权人的某些权益受到侵害。

◆质权设立的法律禁止

《中华人民共和国公司法》第一百四十二条的最后规定："公司不得接受本公司的股票作为质押权的标的。"

总之，合伙人出质财产时，应当综合考虑，切合实际，权衡利弊，谨慎而为。

合伙人优先购买权的法律适用

合伙人优先购买权指的是当有合伙人向第三人转让其在合伙企业中的财产时，在同等条件下，其他合伙人有优先购买的权利。这个概念听起来与股东的优先购买权貌似是一样的，但是在法律适用上，合伙人的优先购买权具有其独特性。

◆合伙人优先购买权的合意性

"合意性"指的是意思表示一致，着重表达的是协议的意思。也就是说，合伙人的优先购买权到底能不能适用，首先取决于协议，而非其他法律依据。《中华人民共和国合伙企业法》第二十三条关于合伙人优先购买权的规定的最后一句话是"合伙协议另有约定的除外"。这表明，合伙人的优先购买权首先通过合伙协议来调整，没有合伙协议的，才会诉诸法律。

◆合伙人优先购买权的行使条件

合伙人优先购买权的行使条件有两个：一个是必须有合伙人转让其合伙份额；另一个是受让的人须是合伙人以外的第三人。

不论是自愿转让还是通过法院执行等其他情况，必须有普通合伙人或者有限合伙人转让其合伙份额。除此之外，财产份额向合伙人以外的人转让时才会产生其他合伙人优先购买权的问题。需要注意的是，如果是合伙人之间的转让，仅需通知即可，而不需要通过其他合伙人的同意。

◆ 合伙人优先购买权的法律依据

《中华人民共和国合伙企业法》

第二十二条　除合伙协议另有约定外，合伙人向合伙人以外的人转让其在合伙企业中的全部或者部分财产份额时，须经其他合伙人一致同意。

合伙人之间转让在合伙企业中的全部或者部分财产份额时，应当通知其他合伙人。

第二十三条　合伙人向合伙人以外的人转让其在合伙企业中的财产份额的，在同等条件下，其他合伙人有优先购买权；但是，合伙协议另有约定的除外。

第二十四条　合伙人以外的人依法受让合伙人在合伙企业中的财产份额的，经修改合伙协议即成为合伙企业的合伙人，依照本法和修改后的合伙协议享有权利，履行义务。

第四十二条　合伙人的自有财产不足清偿其与合伙企业无关的债务的，该合伙人可以以其从合伙企业中分取的收益用于清偿；债权人也可以依法请求人民法院强制执行该合伙人在合伙企业中的财产份额用于清偿。

人民法院强制执行合伙人的财产份额时，应当通知全体合伙人，其他合伙人有优先购买权；其他合伙人未购买，又不同意将该财产份额转让给他人的，依照本法第五十一条的规定为该合伙人办理退伙结算，或者办理削减该合伙人相应财产份额的结算。

第七十四条　有限合伙人的自有财产不足清偿其与合伙企业无关的债

务的，该合伙人可以以其从有限合伙企业中分取的收益用于清偿；债权人也可以依法请求人民法院强制执行该合伙人在有限合伙企业中的财产份额用于清偿。

　　人民法院强制执行有限合伙人的财产份额时，应当通知全体合伙人。在同等条件下，其他合伙人有优先购买权。

合伙人退伙时，如何处理企业的债权债务

合伙人从其原来的企业中抽出自己财产的行为叫作退伙。如果在退伙时，企业正处于盈利的状态，那么是非常容易结算的，退伙人基本上不会与企业发生纠纷。而如果合伙人退伙时，合伙企业的财产少于合伙企业的债务，就会产生债权债务的处理问题。

◆合伙人退伙时的债权债务处理

合伙人在退伙时，退伙人应当按照合伙协议中的约定对企业的债权债务进行分配和承担。如果合伙协议中未约定相关内容，那么合伙企业的债权债务就应当由合伙人平均分配，此时退伙人承担属于自己的那一部分债权债务。

◆退伙人退伙前的债权债务处理

退伙人对于其退伙之前的合伙企业的债务，应当承担连带责任。即便退伙人退伙时已经完成了结算，无论其在退伙后是否承担了自己的部分债务，当合伙企业无法完全清偿该项债务时，完成退伙的退伙人承担的都是无限连带责任。

◆**相关法律依据**

《中华人民共和国合伙企业法》

第三十三条　合伙企业的利润分配、亏损分担，按照合伙协议的约定办理；合伙协议未约定或者约定不明确的，由合伙人协商决定；协商不成的，由合伙人按照实缴出资比例分配、分担；无法确定出资比例的，由合伙人平均分配、分担。

合伙协议不得约定将全部利润分配给部分合伙人或者由部分合伙人承担全部亏损。

第五十三条　退伙人对基于其退伙前的原因发生的合伙企业债务，承担无限连带责任。

第五十四条　合伙人退伙时，合伙企业财产少于合伙企业债务的，退伙人应当依照本法第三十三条第一款的规定分担亏损。

第三章

人力资源管理——助力企业健康发展

企业在招聘中有哪些义务

企业在招聘的过程中未与应聘者产生合同关系。那么，在未产生合同关系的情况下，招聘企业要履行哪些义务呢？下面，我就为大家盘点一下企业在招聘中需要履行的义务。

1. 信息告知的义务

《中华人民共和国劳动合同法》第八条规定："用人单位招用劳动者时，应当如实告知劳动者工作内容、工作条件、工作地点、职业危害、安全生产状况、劳动报酬，以及劳动者要求了解的其他情况；用人单位有权了解劳动者与劳动合同直接相关的基本情况，劳动者应当如实说明。"

根据规定来看，企业在招聘中应当为应聘者提供职业状态、职业环境、劳动报酬等信息。而且对于这些信息，企业有告知的义务。

2. 公平公正的义务

《中华人民共和国就业促进法》第三条规定："劳动者依法享有平等就业和自主择业的权利。劳动者就业，不因民族、种族、性别、宗教信仰等不同而受歧视。"

从规定的内容来看，就业者应当享有公平就业的权利，不因种族、性别、宗教信仰等不同而受到歧视。也就是说，企业在招聘时不应当对应聘的人群有任何歧视，应当为劳动者提供公平公正的应聘平台。当然，企业在是否录用的问题上可以有更适合自己企业的选择。但是，仅就招聘来说，企业应当提供公平的平台。

3.　避免竞业的义务

在大多数情况下，企业的重点人才、高科技人才等都会与企业签订竞业限制协议。企业在招聘此类人才时，应当了解应聘人员是否存在这种情况。对于应聘者提供的相关信息，要认真审查，避免侵犯他人的利益。

也就是说，企业在招聘的过程中，有避免自己以及应聘者陷入违反竞业限制义务的麻烦。

综上所述，虽然在招聘的过程中，企业并未与应聘者达成任何协议，形成任何劳动关系，但企业仍然肩负着一定的责任，有一些法定的必须要履行的义务。这是企业在招聘中应当注意的问题。

招聘广告中隐藏的法律风险

企业发布招聘广告还有法律风险吗？当今社会，各行各业为了招聘人才而发布的招聘广告可谓花样百出。为了招揽人才，企业在发布招聘广告时可以称得上是"无所不用其极"。因为许多企业都认为宣传语并不会受到限制，哪怕夸张一点儿，随心所欲一点儿，也不会触犯法律。这可就大错特错了。殊不知稍有不慎，招聘企业就可能因招聘信息而面临法律风险，甚至承担不利后果。

◆企业发布招聘广告的注意事项

1. 禁止使用歧视性词语

首先，招聘广告中不得带有歧视性词语。有的企业认为，他们招聘相应的人才，没有特殊情况绝对不会轻易歧视他人。其实，并没有那么简单，一般的条件设定也可能造成歧视。比如"只限男性""只招本地户口的人""要求四肢健全"等，这些看似平常的要求实则已经违反了《中华人民共和国就业促进法》的规定。

2. 明确录用条件

相比歧视性词语，对企业更重要的则是要在招聘广告中明确录用条件，否则，可能会导致在试用期解雇员工时变得被动。在试用期间，如果劳动者不符合企业的录用条件，正常情况下，用人单位是可以单方面解除劳动合同的。但是，这种单方面解除劳动合同的行为是附有条件的，其条件之一就是录用条件要明确。

在仲裁或者诉讼中，用人单位对劳动者不符合录用条件要承担举证责任，而最容易保留的有效证据就是招聘广告。所以，企业在招聘广告中要明确录用条件，并且在日后保留相关证据，这样在试用期解雇员工发生纠纷时，就能处于相对主动的地位。

◆相关法律依据

《中华人民共和国就业促进法》

第三条　劳动者依法享有平等就业和自主择业的权利。

劳动者就业，不因民族、种族、性别、宗教信仰等不同而受歧视。

《中华人民共和国劳动合同法》

第三十九条　劳动者有下列情形之一的，用人单位可以解除劳动合同：

（一）在试用期间被证明不符合录用条件的；

（二）严重违反用人单位的规章制度的；

（三）严重失职，营私舞弊，给用人单位造成重大损害的；

（四）劳动者同时与其他用人单位建立劳动关系，对完成本单位的工作任务造成严重影响，或者经用人单位提出，拒不改正的；

（五）因本法第二十六条第一款第一项规定的情形致使劳动合同无效的；

（六）被依法追究刑事责任的。

签订劳动合同前需要注意什么

签订劳动合同既保障了员工的利益，也在很多时候为企业的良好发展奠定了基础。签订劳动合同不仅仅是一家优秀企业应当履行的义务，更多时候，劳动合同也会反过来保护企业自身的利益。因此，无论是对员工还是对企业，签订劳动合同都是一件非常重要的事情，需要予以足够的重视。

1. 劳动合同中应当明确企业的工商信息

明确工商信息不仅是为了保障员工的知情权，对于企业来说，更是向员工表明自己是劳动合同中合法的权利主体，起到明确企业的合法主体资格的作用。

2. 劳动合同中应当明确员工的工作内容

在劳动合同中应当明确员工的工作内容，比如工作性质、工作地点等。对于员工来说，工作内容必须约定清楚，一旦公司提供的工作不能满足其要求，可以依据合同提起诉讼，来维护自己的合法权益。而对于企业来讲，这一点也尤为重要。因为当员工在试用期间或者在正常的工作安排下，一直不能胜任工作，那么企业就有理由对其进行辞退。否则，一旦发生纠纷闹到法庭上，不满足企业要求的员工可以工作内容约定不明确为由要求安排其他性质的工作，这种情况会大概率导致企业败诉。

3. 劳动合同中应当明确试用期限

同样，试用期限既是保护员工权益，也是保护公司权益的内容。对于员工来讲，试用期不宜过长，试用期间如果无大问题一般不会被企业解雇。对于企业来讲，试用期则是给了自己一个考察员工的机会。在试用期间，不符合招聘和录用条件的员工会被合理地淘汰，而优秀的人才将得到录用。这个试用期可以说既是员工适应企业的良好机会，也是企业选拔人才、合理分配人才资源的最佳时机。

4. 劳动合同中应当明确劳动时间

劳动法是禁止劳动时间严重超时的。不论是企业还是员工，不论是要求还是自愿，一定要合理安排工作时间。加班的酬劳与最长工作时间都应当在劳动合同中有明确规定。不论是企业为了效率，还是员工为了薪水，严重的超时与加班都是法律不允许的。

5. 劳动合同中应当约定社会保险

社会保险对于员工和企业来讲都是不可忽视的问题。有的企业为了减轻负担，以高工资诱导员工放弃社保，这是愚蠢的选择，更是目光短浅的表现。养老保险涉及员工的合法权益，一旦有员工举报，对企业来说就是不小的损失。此外，更严重的是，如果员工在工作中发生意外，高额的赔偿金将成为企业沉重的负担。

6. 劳动合同中禁止约定霸王条款

有些企业自以为很聪明，在劳动合同中约定某些条款，如女性职工几年内不得结婚生育，工伤自理，甚至签订生死契约等。这些约定看似是在为企业减轻负担，殊不知，实则是害了企业。因为这些约定就是我们平时常说的"霸王条款"，是违法的无效条款。这些条款，不仅会吓走一批人才，更为企业日后可能陷入无休止的诉讼纠纷埋下了伏笔。

保密协议和竞业限制协议

　　保密协议，是指协议人之间就双方共同掌握的书面或者口头信息，约定不向任何第三方披露该信息的协议。如果负有保密义务的一方当事人违反了协议的约定，将协议中被保密的信息披露给了第三方，那么泄密人将要承担民事赔偿责任，甚至会承担刑事责任。

　　保密协议大致包括需要保密的内容、责任的主体、保密的期限以及违约的责任等。保密协议的责任主体可以是双方，也可以是单方。在实践中，较为常见的保密协议是单方保密协议。而双方保密协议，一般存在双方对同一个项目内容的研究和开发均享有相应的权益的情况之下。

　　竞业限制是《中华人民共和国劳动合同法》的重要内容。竞业限制是用人单位对掌握自己企业商业秘密的劳动者，在合同中、知识产权归属协议或者技术保密协议中约定的竞业限制条款。

　　掌握着原单位的商业秘密或者对原单位的经营有重大影响的劳动者在与原单位解除劳动关系后，在一定期限内不得在同行或者同类业务中从事相关工作，这是竞业限制的具体表现。根据《中华人民共和国劳动合同法》第二十四条的规定，竞业限制的人员限于用人单位的：①高级管理人员，如公司经理、副经理、财务负责人、上市公司董事会秘书和公司章程规定的其他人员。②高级技术人员，如高级研究开发人员、关键岗位的技术工人等容易接触到商业秘密的人员。③其他负有保密义务的人员。

保密协议和竞业限制协议可以是相互独立的，但是从二者的定义来看，竞业限制的内容是可以约定在保密协议当中的。保密协议与竞业限制协议之间有重叠与交叉的部分，这并不矛盾，甚至在保密协议中约定了竞业限制的相关内容，企业和相关人员依然可以再签订一份竞业限制协议。但需要注意的是，前后两份协议中关于竞业限制的约定要保持一致，这样能避免未来许多不可预知的麻烦。

此外，企业还需要注意的是，无论是保密协议还是竞业限制协议，在与劳动者签订之时，都必须同时约定有关经济补偿的内容。因为这两份协议的签署，对于员工来说，是一种很大的约束。同时，没有约定经济补偿的，在未来发生纠纷时，员工也很难依据该协议得到足够的赔偿。

总之，保密协议也好，竞业限制协议也罢，其中的内容同样不能违反法律和相关法规的规定。同时，协议中还应当约定清楚具体的违约责任以及承担方式，否则，企业在遭受损失后将难以主张其自身的相关权益。

员工工资的构成和支付

工资是指用人单位依据劳动合同的规定，以各种形式支付给劳动者的报酬。国家统计局发布的《关于工资总额组成的规定》中明确了工资总额由六个部分组成，包括：计时工资、计件工资、奖金、津贴和补贴、加班加点工资、特殊情况下支付的工资。也就是说，工资是工资总额的一部分。

在实践中，工资的发放形式可能是多种多样的，在劳动部发布的《工资支付暂行规定》的第三条也定义了各种形式的工资支付方式。但是根据《中华人民共和国劳动法》的明确规定，工资只能以法定货币形式支付。在中国，法定货币主要指人民币。

除了工资的构成以及支付形式外，企业还需要了解和关注许多关于工资的其他内容。

◆工资支付的要求

工资的支付是很容易产生争议的，因此企业发放工资时，为了避免一些麻烦，应当遵循如下工资支付的基本要求。

1. 工资内容应当明确

工资内容应当书面记载，内容应当包含工资的数额、项目、员工名单等。这种记载了工资内容的书面材料被称作工资单。工资单一般要求企业备案保存，保存时间不低于两年。

2. 应当制作一份工资清单

工资清单不同于工资单，工资清单记录企业各员工的工资明细，该清单交给劳动者，保护的是劳动者的知情权。

3. 领受人签字

在工资发放环节，应当由工资的领受人签字。

◆工资支付的注意事项

企业必须明确地在劳动合同中约定工资的支付日期。工资必须定期全额支付，而且不得延时支付，必须按时定期发放。具体注意事项如下：

1. 工资每月至少支付一次，也可以约定多次支付

也就是说，即便是实行年薪制的公司，也应当按月支付不低于员工最低工资标准的预付工资。

2. 工资可以不在当月支付

劳动合同中可以约定，本月的工资在下月支付，但是要保证工资支付的连续性。

3. 工资不可以延期支付

即便遇到节假日，工资发放也应当照常进行。

4. 工资必须足额支付

工资的发放必须依照劳动合同的规定足额支付，不能少付，否则员工有权利解除劳动合同，并且要求赔付经济补偿金。

◆加班工资如何计算

我们现在的法定节假日为11天，每月的计薪天数为21.75天，年工作日总共250天，季工作日为62.25天，月工作日为20.83天，每日的工作时长为8小时。

核算加班的工资，日工资按每月工作时间21.75天计算，小时工资在日工资的基础上除以8小时。

综上所述，我们可以很容易得到加班工资的计算公式：

工作日加班的工资（每小时）＝月基本工资÷21.75÷8×150%

休息日加班的工资（每小时）＝月基本工资÷21.75÷8×200%

节假日加班的工资（每小时）＝月基本工资÷21.75÷8×300%

员工加班时间和加班费的管理

员工的加班时间如何界定呢？想搞明白这一点其实很容易，只要清楚法定的工作时间就可以了。在法定的工作时间以外进行的工作都是加班。

我国实行的是每日八小时、平均每周工作时间不超过四十四小时的工时制度。每日工作时间超过八小时的工作，以及平均每周超过四十四个小时的工作都是加班。哪怕是计件工作，也不能超过这个标准的合理限度。法律之所以规定每周工作不超过四十四个小时，而不是四十个小时，是因为我国的周工作制不是一周五天加上双休日，而是用人单位应当保证劳动者每周至少休息一日。也就是说，理论上一周工作六天也是合法的，但是总时长不能超过四十四个小时。

除此之外，法定节假日也更应当是休息日，用人单位应当依法安排劳动者休假。这些节日包括元旦、春节、清明节、国际劳动节、中秋节、国庆节等法律、法规规定的节假日。用人单位可以适当地延长劳动者的工作时间，但是应当遵守劳动法的规定。

那么，加班时的加班费是如何规定的呢？其实，加班费应当高于正常工作时间的工资报酬。如果用人单位在一日中延长劳动者的工作时间，应当向劳动者支付不低于其正常工资百分之一百五十的工资报酬；如果用人单位在休息日安排劳动者工作并且不给调休，应当向劳动者支付其正常工作时间工资两倍的工资报酬；如果用人单位在法定节假日安排劳动者工作，应当向劳动者支付不低于其正常工作时间工资三倍的工资报酬。

　　总之，用人单位应当严格按照法律规定向劳动者支付工资以及加班费用，否则劳动者不但有权向有关单位主张相应的工资，还有权主张相应的赔偿。这对于用人单位来说，最终不仅损失了金钱，更丢失了一个企业最基本的信誉。

员工休假管理需要注意什么

员工休假管理看似简单，实则其中隐藏着诸多细枝末节的问题。比如，员工到底有哪些假是必须休的，哪些假是可以休的，哪些假是带薪休的，哪些假休了是要扣工资的等等，诸如此类的问题都需要在员工休假管理中得到解决。

既然要对员工的休假进行管理，那我们就先来看看员工需要休的那些假吧。

首先是"法定假"，这是员工必须休的假。在法定节假日，员工都是有休息的权利的。如果用人单位想要在法定节假日让员工继续工作，需要至少支付员工平时工资三倍的工资报酬。除了法定节假日，休息日也是用人单位必须给员工放的假。

其次是"申请假"，这是员工可以休的假。当员工因突发事件或者其他不得不立刻办理的私人事务，抑或是因生病不能工作等原因，向公司申请假期的，一般情况下公司应当依照其申请准许其休假，并且可以在其请假期间不再向其发放工资。这种因故需要向公司申请的假，统称为"申请假"。这种休假发生频率较高，在日常生活中较为常见。

再次是"工伤假"。员工因工负伤的，凭借工伤证明，公司应当给予工伤假。在工伤假期间，工资待遇应当不变。如果是交通事故导致的工伤，员工在获得误工工资后，公司可以不再支付其工伤工资。

最后就是"亲情假"。所谓的"亲情假"就是比较有人道主义的假期，照顾人情，照顾亲情。其中最为典型的代表是婚假和丧假，除此之外还有探亲假以及哺乳假。婚假是法定的，不过，如果员工本人在结婚期间未申请婚假，也应当视作放弃处理，不再补假。丧假也应当有连续三天的带薪假。路程较远的还可以延长，中间遇节假日不再顺延。女性员工还享有休产假的权利，产假为期九十八天。男方也享有护理假，用来给妻子伺候月子。员工休产假期间，工资应当照发。

以上基本上涵盖了假期的类型，企业应当以此为参照，对员工的休假进行合理合法的管理。

除了法定的节假日之外，企业还应当有一个明确的员工休假管理制度。不单单是员工需要遵守规定，企业更应当严格按照制度来管理员工的休假。

如何合法解除劳动合同

　　企业如何合法地解除与员工的劳动合同呢？其实这个问题一问出来，就能够表现出一种状态，那就是企业不能随便与员工解除劳动合同。企业在未尽到相应的义务或者未有确切合适的理由就开除员工或者与员工单方面解除合同是违反法律法规的，但这种情况在现实中又是不可避免的。因为对于员工个体来说，企业处于强势地位，立法者在立法之初一定会考虑优先保护员工的合法权益，所以，企业要对如何合法解除与员工的劳动合同有所了解。

◆企业合法解除劳动合同的情况

　　企业解除与员工的劳动合同，无非是在两种状态下：第一种是企业由于自身发展需要进行人员的更换和调整；第二种就是由于员工自身的问题不再适合在该企业继续工作。

　　所以，我们主要从企业和员工自身原因两种情况来了解企业如何才能合法地与员工解除劳动合同。

1. 由于企业的原因

当企业存在因经营不善需要依照《中华人民共和国企业破产法》的规

定进行重整，或者因经营发生重大困难、因实际需要进行转型或者转变经营方式等情况，且经过变更劳动合同后仍然需要裁减人员二十人以上或者不足二十人但是占企业职工总数百分之十以上的，用人单位提前三十天向工会或者全体职工说明情况，听取工会或者职工的意见后，裁减人员方案经过向劳动部门报告后，可以裁减人员。这属于经济性裁员，在符合法律规定的情况下，企业可以在一定规模之下进行裁员。

除了经济性裁员以外，企业与员工进行友好协商后，双方达成一致意见的，可以解除劳动合同。

2. 由于员工的原因

在一定情况下，出于员工的原因，企业也可以与之解除合同，不过需要分两种情形处理。

一种情形属于无过失性辞退。根据《中华人民共和国劳动合同法》第四十条的规定："有下列情形之一的，用人单位提前三十日以书面形式通知劳动者本人或者额外支付劳动者一个月工资后，可以解除劳动合同：（一）劳动者患病或者非因工负伤，在规定的医疗期满后不能从事原工作，也不能从事由用人单位另行安排的工作的；（二）劳动者不能胜任工作，经过培训或者调整工作岗位，仍不能胜任工作的；（三）劳动合同订立时所依据的客观情况发生重大变化，致使劳动合同无法履行，经用人单位与劳动者协商，未能就变更劳动合同内容达成协议的。"

另一种情形属于过失性辞退，也就是用人单位可以单方面解除劳动合同。根据《中华人民共和国劳动合同法》第三十九条的规定："劳动者有下列情形之一的，用人单位可以解除劳动合同：（一）在试用期间被证明不符合录用条件的；（二）严重违反用人单位的规章制度的；（三）严重失职，营私舞弊，给用人单位造成重大损害的；（四）劳动者同时与其他用人单位建立劳动关系，对完成本单位的工作任务造成严重影响，或者经用人单位提出，拒不改正的；（五）因本法第二十六条第一款第一项规定的情形致使劳动合同无效的；（六）被依法追究刑事责任的。"

在这两种情形下，因为员工自身的原因，企业在满足一定条件下，是可以解除劳动合同的。

◆对员工的其他合法处罚

根据《中华人民共和国劳动法》等相关规定，企业应当制定完善的内部规章制度，并在劳动合同当中明确约定，以避免在处理员工违纪情形时发生法律风险。除了开除员工、解除合同之外，处罚方式还应当包括以下几种。

第一，经济处罚。经济处罚不能超过违纪员工当月工资的百分之二十。形式包括罚款、经济赔偿、违约金等。

第二，警告。对于出现严重违纪但不至于直接开除的员工可以采取罚款并同时予以书面警告甚至通报警告等方式。

第三，调岗降薪。通过劳动合同约定，对违反某些规章制度或者多次违反某条规章制度的员工，可以给予其调岗降薪的处罚。

中小企业应当承担的社会保险和福利

根据相关的法律规定，企业应当承担一定的社会保险和福利待遇。但中小企业的能力是有限的，应当根据当地的社会经济发展水平及其承受能力为员工提供相应的社会保险和福利待遇。企业在当前社会保险制度下，应当为员工提供的保险待遇包括：退休、患病负伤、因工伤残或者职业病、失业、生育等。

◆ 相关法律规定

《中华人民共和国劳动法》

第七十条　国家发展社会保险事业，建立社会保险制度，设立社会保险基金，使劳动者在年老、患病、工伤、失业、生育等情况下获得帮助和补偿。

第七十一条　社会保险水平应当与社会经济发展水平和社会承受能力相适应。

第七十二条　社会保险基金按照保险类型确定资金来源，逐步实行社会统筹。用人单位和劳动者必须依法参加社会保险，缴纳社会保险费。

第七十三条　劳动者在下列情形下，依法享受社会保险待遇：

（一）退休；

（二）患病、负伤；

（三）因工伤残或者患职业病；

（四）失业；

（五）生育。

劳动者死亡后，其遗属依法享受遗属津贴。劳动者享受社会保险待遇的条件和标准由法律、法规规定。劳动者享受的社会保险金必须按时足额支付。

第七十四条 社会保险基金经办机构依照法律规定收支、管理和运营社会保险基金，并负有使社会保险基金保值增值的责任。

社会保险基金监督机构依照法律规定，对社会保险基金的收支、管理和运营实施监督。

社会保险基金经办机构和社会保险基金监督机构的设立和职能由法律规定。

任何组织和个人不得挪用社会保险基金。

第七十五条 国家鼓励用人单位根据本单位实际情况为劳动者建立补充保险。

国家提倡劳动者个人进行储蓄性保险。

第七十六条 国家发展社会福利事业，兴建公共福利设施，为劳动者休息、休养和疗养提供条件。

用人单位应当创造条件，改善集体福利，提高劳动者的福利待遇。

下班途中遭遇意外事故也算工伤吗

　　下班途中，员工遭遇意外也算工伤吗？答案是不一定。但是一般情况下，员工在下班途中遭遇意外事故也算工伤，但需要满足一些条件。

　　根据《最高人民法院关于审理工伤保险行政案件若干问题的规定》的规定，在下班途中遭遇意外的情形，总结起来可以归为三个基本条件：合理的时间、合理的路线、合理的活动。

　　除此之外，由于员工下班途中遭遇意外，绝大多数情况下是发生交通意外，因此，《工伤保险条例》中也有规定，受到非本人主要责任的交通事故或者城市轨道交通、客运轮渡、火车事故伤害的，可以认定为工伤。

　　总结起来就是，对于员工在下班途中，在合理的时间内，行走合理的路线，参与合理的活动等过程中，因非本人主要原因遭受的车祸等意外事故，可以认定为工伤。

　　2020年4月，照常下班的公司职员黄某与往日无异，扫了路边某款共享助力车准备回家。黄某怎么也没想到，在途中会突发意外。在经过离家还有三站地的一个路口时，黄某正好被路边施工的工人扬起的黄沙迷了眼睛，摔倒在路边。摔倒后的黄某身上多处受伤，其要求单位按照工伤给予相应的工伤待遇。公司却认为黄某所遭遇的意外不是在工作时间发生的，与工作也毫无关系，不是工伤，因此拒绝了黄某的申请。黄某就此事向当地的仲裁委申请了仲裁。

1. 原、被告双方意见

黄某的主要观点：

（1）其遭受意外的时间在下班后二十分钟左右，显然属于《最高人民法院关于审理工伤保险行政案件若干问题的规定》中规定的"合理时间"之内。

（2）其遭受意外的回家路线，是从公司回家的路途最短、道路最宽的路线。该路线显然属于《最高人民法院关于审理工伤保险行政案件若干问题的规定》中规定的"合理路线"。

（3）其摔伤在骑行的路上，属于交通事故。而且其本人对该事故不负有任何的责任。

公司的主要观点：

（1）黄某遭遇的案件，有明确的责任人来赔偿，单位不再为其担负补充责任。

（2）黄某系因工人扬沙而摔倒，并不属于交通事故，因此并不能被认定为工伤。

2. 仲裁庭意见

仲裁庭认为，黄某系在下班的合理时间、合理路线，参与合理活动的过程中遭遇的意外事件。双方对此并无争议。并且，黄某对其遭受的意外并不承担责任。黄某的损害是否有责任人进行赔付也不是认定为工伤的因素。

因此，本案的争议焦点在于，黄某骑行被工人扬沙迷住眼睛后摔伤是否属于交通事故。由于案发后黄某被送进医院，当时并未报警，交通警察并未对此事进行处理和认定。

黄某向仲裁庭提供了案发时的监控录像，并且申请有专门知识的人（交警）对此案进行鉴定。交警查看录像后发表了专业意见，认为本案中黄某受伤，应当认定为交通事故。

据此，仲裁庭认为，黄某受伤一案，应当认定为工伤，并且依据相关法律裁定支持了黄某的仲裁请求。对此结果，公司表示愿意接受。至此，黄某一案告一段落。

3. 相关法律条文及司法解释

《最高人民法院关于审理工伤保险行政案件若干问题的规定》

第六条 对社会保险行政部门认定下列情形为"上下班途中"的，人民法院应予支持：

（一）在合理时间内往返于工作地与住所地、经常居住地、单位宿舍的合理路线的上下班途中；

（二）在合理时间内往返于工作地与配偶、父母、子女居住地的合理路线的上下班途中；

（三）从事属于日常工作生活所需要的活动，且在合理时间和合理路线的上下班途中；

（四）在合理时间内其他合理路线的上下班途中。

《工伤保险条例》

第十四条 职工有下列情形之一的，应当认定为工伤：

（一）在工作时间和工作场所内，因工作原因受到事故伤害的；

（二）工作时间前后在工作场所内，从事与工作有关的预备性或者收尾性工作受到事故伤害的；

（三）在工作时间和工作场所内，因履行工作职责受到暴力等意外伤害的；

（四）患职业病的；

（五）因工外出期间，由于工作原因受到伤害或者发生事故下落不明的；

（六）在上下班途中，受到非本人主要责任的交通事故或者城市轨道交通、客运轮渡、火车事故伤害的；

（七）法律、行政法规规定应当认定为工伤的其他情形。

其中第六项的"上下班途中"既包括职工正常工作的上下班途中，也包括职工加班加点的上下班途中。

员工自愿不交社保，企业就没法律风险了吗

员工自愿不交社保，企业也是有法律风险的。因为根据我国的法律规定，缴纳社会保险属于国家的法定义务。对于法定义务，企业和员工之间是无法商量的。哪怕员工自愿放弃缴纳，企业也不能免除为员工缴纳社会保险的义务。一旦公司未履行该项义务，则有可能面临诸多法律风险，其中最主要的风险就有三种：第一，公司可能会面临支付经济补偿金的风险。公司未给员工足额缴纳社会保险，员工有权利以此为由解除劳动合同。申请劳动仲裁的，不但未缴纳的社会保险需要补上，还要按照劳动法的相关规定给予员工经济补偿。第二，公司可能会面临被行政部门处罚的风险。在公司未缴纳社会保险的情况下，如果员工将此事投诉到劳动监察大队，那么公司将会被劳动监察大队依照《中华人民共和国社会保险法》要求缴纳滞纳金以及相应的罚款。第三，公司将面临承担巨额工伤赔偿的风险。如果在未缴纳社会保险的情况下，该员工在工作中发生工伤，那么由于未缴纳社会保险，公司只能自己承担因为员工工伤带来的巨额赔偿。对于公司来说，可能损失巨大，得不偿失。

企业为员工缴纳社会保险属于法定义务，不以员工的个人意志为转移，更不会因为员工自愿放弃而减轻企业的责任。企业应当积极履行法定义务，主动承担社会责任，这样才能使自己的发展更加稳定。

第四章

知识产权——依法保护企业软实力

知识产权的类型及其法律属性

知识产权也叫智慧产权，此概念在第一次工业革命期间被提出，是指人们就其智力劳动成果所依法享有的专有权利。知识产权一共分为两类：一类是著作权，一类是工业产权。

知识产权作为一种无形的财产是可以以非货币财产作价出资的。作为一项专有权利，经过一定的法定程序，即受到国家法律的保护，同时还具备时间性与地域性的特点。意思是，知识产权受到法律保护的前提是有时间和地域限制。

不过，知识产权是一个构成较为复杂的权利：既有经济的性质也有非经济的性质；既有人身性质也有财产性质；既非人身人格，也非有、无体物。也就是说，知识产权既有人身性权利的特点，又有财产性权利的特点，可又非二者权利的简单相加。因此，知识产权的属性应当与人格权、财产权等并列而自成一类。目前，在没有争议的领域中，知识产权主要有七个种类，它们分别是：著作权和邻接权、专利权、商标权、商业秘密权、植物新品种权、集成电路布图设计权、商号权。

知识产权不仅仅是一个企业的核心竞争力，在更高的层面上，它还是一个国家、一个民族的软实力。因此，各个国家对知识产权的保护都是一个国家战略层面的课题。2017年4月24日，我国最高人民法院发布《中国知识产权司法保护纲要（2016—2020）》。从此以后，我国每一年都会针对知识产权的保护出台若干政策或者文件。比如2018年的《关于加强知识产权审判领域改革创新若干问题的意见》，2019年1月1日施行的《最高人民法院关于审查知识产权纠纷行为保全案件适用法律若干问题的规定》等。国家对保护知识产权的重视程度由此可见一斑。

另外，随着社会的发展，中小企业逐渐加强了对知识产权的重要性的认识，不少企业所做的知识产权的保护、运营与管理等工作也产生了质的飞跃，因此，知识产权作为企业核心竞争力的作用与地位也日益凸显。

说到这里，就不得不提到一罐小小的凉茶。一场关于凉茶的战争，就是围绕着知识产权的商标权打响的。

"怕上火，喝王老吉！"这句广告语想必大家耳熟能详。"王老吉"牌凉茶在中国饮料市场一度火热。但2012年此品牌突然销声匿迹，进入大家视野的却是极其相似的另一款凉茶"加多宝"。而且新的广告语"全国销量领先的红罐凉茶改名加多宝"重新登录各大电视台。广药集团与加多宝公司的"凉茶争夺战"也就此打响。

两家公司围绕着商标权打了三场经典大战，自2012年至2018年持续了六年多的时间，其中最后一战的包装、装潢之争决定了此次大战的结果。此场大战最终以最高人民法院驳回广药的再审申请为终结，"共享权益"成为最终的结果，双方战成了平手。

［案例来源：中国裁判文书网，最高人民法院发布，（2018）最高法民终598号、（2018）最高法民终590号、（2018）最高法民终346号。］

1. 原、被告双方意见

加多宝公司的主要观点：

（1）加多宝开创了红罐凉茶的装潢设计，红罐的外观是加多宝品牌的特有标识。在众多消费者眼中，加多宝的特殊红罐，就代表了加多宝凉茶。

（2）加多宝对红罐凉茶的权利有足够的凭证，包括设计证书等设计凭证、多年经营形成的社会凭证、对方侵权造成的损失凭证等。证据达49份之多，证据充足。

广药集团的主要观点：

（1）加多宝对红罐凉茶的包装以及市场运营，都是在广药授权之下进行的。广药集团是实际权利人，加多宝只是被许可人。

（2）广药集团拥有"王老吉"商标的商标权，知名商品的特有包装、装潢的权利是"王老吉"商标的从属权利。

2. 法院意见

广东省高级人民法院归纳了本案的四个争议焦点：一是涉案商品是什么？知名商品的特有包装、装潢是什么？二是涉案商品的特有包装、装潢归谁所有？三是涉案商标的特有包装、装潢能否与王老吉商标或者加多宝公司分立？四是经济损失如何计算？

最高人民法院终审判决认为，加多宝公司与广药集团对涉案红罐凉茶王老吉的包装、装潢权益的形成均做出了重要贡献，双方可在不损害他人合法利益的前提下，共同享有红罐凉茶王老吉的包装、装潢权益。

3. 争议焦点与律师解读

本案终极焦点为：包装、装潢的权利是否从属于商标权？

本质上，知名商品的特有包装、装潢系一种受法律保护的商标性权利。我国商标实行注册制，即通常情况下只有将商标申请注册才给予其保护。但对于具有一定知名度的商品的特有包装、装潢，由于其具有较高程度的区分商品来源的作用，若不赋予其排他性权利，将会导致消费者混淆误认及损害正常的市场秩序，故有在反不正当竞争法上对其保护的必要性。

结合本案来说，红罐凉茶王老吉的包装、装潢权益，原则上从属于广药集团对于"王老吉"商标的商标权。但是为了维护现有的已经形成并且持续了一段时间的秩序，且从更加公平的角度来考虑，保留了加多宝公司的使用权。

4. 相关法律条文及司法解释

《中华人民共和国反不正当竞争法》第六条第一项规定，"擅自使用与他人有一定影响的商品名称、包装、装潢等相同或者相似的标示"，造成和他人的知名商品相混淆，使购买者误认为是该知名商品的，构成不正当竞争。

5. 案例启示

"王老吉"商标争议的背后在于知识产权的价值。"王老吉"商标产生之初，是没有太大价值的，而在加多宝参与使用后逐渐地积累商誉，不断地提高了它的价值。因此，最终双方产生分歧诉至法院后，没有商标所有权的加多宝却获得了该商标的使用权。若非此原因，加多宝将面临巨额的侵权损害赔偿。

本案最终入选"2017年推动法治进程十大案件"，显现出了知识产权在企业中的核心竞争力的地位。

如何防范和应对研发中的知识产权风险

一个企业要想在长期的市场竞争中立于不败之地，必须做到有效地防范和应对研发中的知识产权风险。因为，在当今市场竞争的大环境下，知识产权的研发已经成为企业经营常见的经济行为。商标、专利等企业的知识产权的研发不仅仅是企业纠纷的导火线，更是目前企业利益冲突的关键点。

知识产权风险大致发生在三个阶段，分别是研发中的知识产权风险、生产过程中的知识产权风险以及贸易时期的知识产权风险。依照时间顺序，企业最先迎来的就是研发中的知识产权风险。

◆研发中的知识产权风险种类及防范策略

对于大多数创业者以及各中小企业的企业家们来说，防范和应对研发中的知识产权风险不能寻求捷径，更不能一蹴而就。在确定防范和应对策略之前，我们必须先搞清楚研发中的知识产权风险具体有哪些，以便逐一寻找破绽，各个击破。

1. 对知识产权相关政策不了解

前面提到过，一个企业要想在激烈复杂的商业竞争中保持持久的发展，立于不败之地，需要做到对知识产权极度重视。而对知识产权足够重视的企业，一定会把知识产权发展作为一个战略目标。而发展这个战略目标的基础需要的就是对所有相关人员进行扫盲式培训。只有相关人员对知识产权的相关法律法规以及政府的相关政策做到全面了解，才能在日后处理有关知识产权的活动中全面了解相应的规则，尽量避免出现漏洞。

2. 专利现状检索技术不成熟

专利现状检索是一个在研发知识产权中防范和应对的重要工具。专利现状检索能够有效地帮助企业了解技术现状及竞争对手的发展状态。企业可以根据这些信息制订更加优质、更加适合市场和自己的专利计划。这一点尤为重要。因此，相关人员以及部门一定要掌握专利现状检索这一重要的技术工具，知己知彼，科学应对。

3. 专利技术保密工作不细致

专利技术泄密可能会发生在各个环节。比如技术交流、委托设计开发、合作开发、外包加工等环节都有可能涉及专利技术的泄密。为了避免在这些环节发生泄密问题，企业应当创设知识产权管理部门，做好研发文档保密工作。具体做法为：与相关的员工签订保密协议，对委托、外包、加工等环节制订具有标准的管理规范等。

但是理论和现实总是有些差距的。现实中，如果真的有知识产权泄露等纠纷的发生，即便是手握大量资源的企业也可能会因为举证困难等原因，在官司中败给一个普通员工。

2005年，罗某入职广东某工程设计有限公司，一直参与工程设计、方案策划等核心工作，掌握该公司核心机密以及重要的知识产权资料，属于被竞业限制人员。2012年罗某离职，进入同行业公司任职。广东某工程设计有限公司认为罗某携带本公司大量的商业秘密，造成知识产权泄密，给公司造成巨大损失，遂诉至法院要求赔偿。

该案已经一审判决生效，判决驳回原告的诉讼请求。

[案例来源：中国裁判文书网，广东省珠海市香州区人民法院发布，（2013）珠香法民一初字第2487号。]

1. 原、被告双方意见

原告公司的主要观点：

（1）原告公司与罗某签订过《技术保密协议书》，且向罗某支付过竞业限制补偿费，《技术保密协议书》是有效的；

（2）罗某明知自己属于被竞业限制人员，离职后还到相同行业的公司工作，其行为属于刻意恶劣违约，违反了《广东省技术秘密保护条例（2010年修正本）》；

（3）罗某故意泄露本公司的商业秘密，违反《技术保密协议书》中的相关条款，属于违约行为，应当赔偿损失。

被告罗某的主要观点：

（1）原告并未支付竞业限制补偿费，无权限制被告的工作；

（2）被告没有恶意泄露商业秘密，原告指控并无证据。

2. 法院意见

原告公司没有足够的证据证明向被告支付过竞业限制补偿费，不享有对被告竞业限制的权利。另外，对于原告向被告主张赔偿因泄露商业秘密而造成的损失，原告也并未提供充足的证据。

综上，法院认为，原告的请求没有事实和法律依据，对于原告的诉讼请求，不予支持。

3. 争议焦点与律师解读

此案脉络清晰，原告胜负的关键在于其是否能够拿出足够的证据。从案件过程来看，原告公司并非完全不懂法律，但对知识产权等相关内容却是一知半解，在排除其恶意诉讼的情况下，证据意识不足，是其败诉的根本原因。

4. 案例启示

此案件告诉我们，对于知识产权风险的防范和应对，理论和实践还是有很大差距的。有条件的企业或者发展到一定程度的企业在知识产权发展战略上一定要创建一个极为专业的律师团队，让专业的团队去处理专业的事务，才能在实践中尽最大可能规避一些法律风险，在知识产权研发中做好风险的防范和应对工作。

怎样识别知识产权转移过程中的风险

知识产权转移是指知识产权的产业化、商品化和资本化。这个转移过程非常容易受到外界不确定因素的影响，从而导致实际效果与预期产生差距，甚至达不到预期目标。

在知识产权转移的过程中，在知识产权转移的风险真正到来之前，能够运用科学的方法发现当前所面临的各类风险并分析出潜在的各种风险因素就是知识产权转移的风险识别。其目的是找到风险因素及其相互关系，以便为进一步制定知识产权风险的防控与应对对策提供必要的依据。

那么，到底怎样识别知识产权转移过程中的风险呢？企业家们需要学习两个关键内容，分别是识别程序和识别方法。

1. 识别程序

识别程序是识别知识产权转移过程中的风险的基本步骤。大体上分为四步。

首先，需要做的就是数据的采集。在知识产权转移过程中，相关的一切资料和数据都需要进行归纳和整理。这是风险识别的依据。

其次，是对这些整理和归纳的数据进行专业分析。需要专家级别的专业人士参与，甚至是会议讨论，以便找到资料中风险因素之间的关联，并让其可视化。

再次，对得到的可视化的风险因素关联图进行专业的技术分析，以再一次确定各个风险因素之间的层次与关系，以便为下一步的风险预估与防范奠定基础。

最后，得到风险识别的结果，即风险的源头、风险的组别以及风险症状的具体描述。

2. 识别方法

完成风险识别程序，得到风险识别结果离不开风险识别方法。专家们识别知识产权转移过程中的风险的方法大致有两种：一种是风险逻辑树分析法，另一种是结构矩阵法。

风险逻辑树分析法是用来确定风险因素的方法。通过把风险的种类从所有风险中分离出来，并把每一个种类涉及的风险因素进行罗列，使其与各风险种类产生联系，最终得到一种树状图的逻辑分析法，就是风险逻辑树分析法。

结构矩阵法是用来确定各个风险因素之间关系的方法。首先通过问卷调查来获取各风险因素之间的联系，然后根据这些联系编制风险因素关系图。根据关系图建立可达矩阵，并进行分级、建模和运算等一系列较为专业的工作，最终来确定各个风险因素之间的联系。

识别知识产权转移过程中的风险其实是一项特别专业、复杂、困难的工作。就像在本章前两节反复提到的，专业的事情一定要交给由专业的人员组成的特别专业的团队来完成。如果企业能够通过自己建立的专业团队来识别出知识产权转移过程中的风险，完成企业知识产权活动的基础工作，那么，在规避知识产权转移过程中的风险方面将会节省大量的时间和资源。

如何规避企业和离职员工之间的知识产权纠纷

当企业越是认识到知识产权是其软实力与核心，企业之间对于人才的竞争就越发激烈。也正因为如此，技术人才的流动性也越来越大。技术人才的流动会导致企业和离职员工之间发生知识产权纠纷。

◆知识产权纠纷的种类

一个企业想要规避和离职员工的知识产权纠纷，首先要搞清楚企业和离职员工之间到底会产生哪些知识产权纠纷。

1. 知识产权权属纠纷

如果员工在公司工作期间有创造发明或者技术成果，其成果的归属问题就会产生于员工与公司之间。根据我国的法律规定，员工在职期间执行单位安排的任务或者利用单位所创造的条件完成的发明创造或者技术成果被称为职务发明创造。职务发明创造的知识产权归单位所有。但是，一般情况下，企业与员工之间在知识产权问题上会签订权利专属的约定，如果没有签署该约定，法律会更倾向于把知识产权的权属归于发明创造的人。

如果企业安排员工完成一项发明创造的任务，或者为其提供物质技术条件，却没有与其签订权利专属协议，那么，在员工离职时，就有可能产生知识产权纠纷。

2. 技术秘密纠纷

创造发明或者技术成果在被提交申请专利之前，所属企业一般会以技术秘密的方式进行保护。而参与其中核心技术的员工往往能够接触到其中的文件资料或者清楚所有的技术秘密。一旦这样的员工离职，并将核心技术的文件资料泄露，那么，可能会对企业造成釜底抽薪般的重创，这样以创新技术为生命的高新科技企业甚至会因此遭到灭顶之灾。

所以，有些企业会与相关员工签订保密协议，使员工成为被限制竞业人员，使其在离职之后的一定时间内不能在其他同行企业参与工作，并且不得泄露技术秘密。若员工离职后违反保守技术秘密的约定，则将承担法律责任。

3. 奖励报酬纠纷

企业在与员工签订知识产权归属、保守技术秘密等协议之后，应当给予完成任务的员工一定的奖励或者报酬。但是在实践中，总会有些企业违反约定，拒绝向相应的员工支付应有的奖励或者报酬，从而引发奖励报酬纠纷乃至知识产权归属等其他纠纷。

◆规避知识产权纠纷的方法

在大致了解了企业与离职员工可能存在哪些纠纷后，根据纠纷的情形制定应对的办法来规避纠纷就不是什么难事了。为了尽可能避免产生不必要的纠纷，建议企业按以下方法处理离职员工的问题：

（1）与相关员工签订知识产权归属协议、技术秘密保护协议等；

（2）认真履约并及时发放相应的奖励与报酬，以保证相关协议的有效；

（3）涉及知识产权或者商业秘密的资料由公司管理，员工在监督下阅览；

（4）建立合理的管理与监督机制，建设专业的管理团队等。

代理商期限届满后，如何处理企业商标问题

根据法律规定，注册商标的有效期为10年，自核准之日起算。商标有效期届满后，如果需要继续使用，应当及时续展注册，否则该注册商标会被注销。

如果代理商需要继续使用该注册商标，应当及时申请续展注册。根据法律规定，注册商标需要申请续展注册的，应当在期满前12个月提出续展注册申请。如果相关企业疏于管理，以致未能及时申请续展注册，则会有半年的宽限期。如果在宽限期内仍然未提出续展注册申请，则注册商标将被注销。

◆申请续展注册步骤

1. 准备申请文书

需要准备的文书有：《商标续展注册申请书》，申请人的身份证、户口本等复印件，《代理委托书》（自己办理则不需要），注册证复印件等。

2. 提交申请文书

申请人或者代办人将申请文书提交至商标局的商标注册大厅，交由工作人员审核。

3. 缴纳续展注册费用

根据法律规定，每次续展注册商标的，应当缴纳续展注册费用。

◆续展注册的法律依据

《中华人民共和国商标法》

第三十九条　注册商标的有效期为十年，自核准注册之日起计算。

第四十条　注册商标有效期满，需要继续使用的，商标注册人应当在期满前十二个月内按照规定办理续展手续；在此期间未能办理的，可以给予六个月的宽展期。每次续展注册的有效期为十年，自该商标上一届有效期满次日起计算。期满未办理续展手续的，注销其注册商标。

商标局应当对续展注册的商标予以公告。

如何处理商标使用许可期限届满后的库存产品

如何处理商标使用许可期限届满后的库存产品一直是实践中的一个难题。因为根据我国现行的《中华人民共和国商标法》以及《中华人民共和国商标法实施条例》来看，我国法律并没有针对这一问题做出明确的规定。那么，对于企业来说，如何处理才更加合理呢？

◆律界意见分歧

一种意见认为，商标使用许可期限届满，被许可人就失去了对商标的专有权。销售库存商品的行为，一定会侵犯商标专有权人对商标享有的专有权。因此，失去商标许可使用权的库存商品是不能销售的。

另一种意见认为，库存商品的商标使用许可期限虽然届满，但是这些商品均是在许可期限之内生产的，被许可人在过期后仍然销售，并不违反法律的规定，亦不构成对商标专有权人权利的侵犯。

两种意见相左，却各有各的依据，任何一方都能够拿出相应的依据，同样，谁也拿不出能够完全驳倒对方的理由。故两种意见都存在。

◆律师处理建议

库存商品的商标使用许可期限过期总不是突然发生的，在商标许可期限届满之前，被许可人完全有机会和时间与许可人商议如何妥善处理库存商品的问题。

其中，最有效的处理问题的方式就是合同约定。在知识产权领域，意思自治的原则仍然有效。在不违反《中华人民共和国商标法》与《中华人民共和国商标法实施条例》的前提下，当事人的约定是有效的。这样一来，被许可人和许可人就完全可以自主约定。比如，允许被许可人在一定条件下可以销售库存商品，或者禁止被许可人继续销售该商品，但是许可人可以以合理的价格回购库存商品。总之，总能找到一个合理的方式方法，使许可人与被许可人之间实现平衡。

企业假冒注册商标会受到什么处罚

假冒注册商标的行为一旦被发现并被追究，那么，假冒行为人不仅会受到权利人的追索，要求其赔偿损失、消除影响，情节严重的，还可能触犯刑法。假冒注册商标罪的最高刑罚可达七年有期徒刑。假冒注册商标的行为之所以会受到这么严重的处罚，是因为假冒注册商标侵犯的不仅仅是权利人的注册商标专用权，还侵犯了消费者的相关权益，更侵犯了国家的商标管理制度。

既然对假冒注册商标行为的处罚如此严重，那么，创业者或者企业家们更应该明白到底怎样的行为才算假冒注册商标，假冒注册商标的行为达到怎样的程度才会触犯假冒注册商标罪。只有对假冒注册商标进行全方位的了解，创业者和企业家们才能远离侵权，远离不法行为，同时，在自己被侵权时才能更好地维护自己的权益。

◆ 注册商标的定义和类型

注册商标是指经过商标管理机构依法核准注册的商标。权利者享有专有权，这种专有权受法律保护。

有些注册商标往往能够代表某类商品的性质与质量，甚至在某一区域内受到广大消费者的认可或追捧。假冒者利用这种影响，假冒他人的注册商标，向消费者销售与其期望不符的商品，如此既会给商标权利者造成不可估量的损失，也会使消费者蒙受欺骗，使其利益受损。

注册商标有多种类别，不同的类别属于不同的商标。有些企业在为自己的商品注册商标时，为了避免未来可能产生的纠纷，往往会多注册几个相关的商品类别。甚至有些知名品牌为了避免别的企业蹭热度，会将与自己商标名称相似的商标一起注册。

◆什么是假冒注册商标的行为

在法律意义上，假冒注册商标一共有四种情形。

（1）同种商品的相同商标。

（2）同种商品的近似商标。

（3）类似商品的相同商标。

（4）类似商品的近似商标。

上述四种情形，均属于法律意义上的假冒行为。未经权利人许可，一旦使用便属于假冒注册商标的行为。

◆假冒注册商标罪的法律规定

《中华人民共和国刑法》第二百一十三条规定："未经注册商标所有人许可，在同一种商品、服务上使用与其注册商标相同的商标，情节严重的，处三年以下有期徒刑，并处或者单处罚金；情节特别严重的，处三年以上十年以下有期徒刑，并处罚金。"本条有两个词语值得研究并解释一下。第一个词语是"相同"，第二个词语是"情节严重"。

关于"相同"一词，《最高人民法院、最高人民检察院、公安部关于办理侵犯知识产权刑事案件适用法律若干问题的意见》（下文统称《意见》）第六条做出了解释："具有下列情形之一，可以认定为'与其注册商标相同的商标'：

（一）改变注册商标的字体、字母大小写或者文字横竖排列，与注册商标之间仅有细微差别的；

（二）改变注册商标的文字、字母、数字等之间的间距，不影响体现注册商标显著特征的；

（三）改变注册商标颜色的；

（四）其他与注册商标在视觉上基本无差别、足以对公众产生误导的商标。"

"情节严重"是假冒注册商标罪立案以及量刑的标准。情节严重具体表现在两个方面：一个是收入金额，另一个是假冒数量。关于"情节严重"，《最高人民法院、最高人民检察院关于办理侵犯知识产权刑事案件具体应用法律若干问题的解释（一）》[下文简称《解释（一）》]第一条中的具体表述为："（一）非法经营数额在五万元以上或者违法所得数额在三万元以上的；（二）假冒两种以上注册商标，非法经营数额在三万元以上或者违法所得数额在二万元以上的；（三）其他情节严重的情形。""情节严重"是本罪的立案标准也是起刑标准。达到"情节严重"标准的，犯假冒注册商标罪，视情节判处罚金、拘役、有期徒刑不等，最高刑罚是三年有期徒刑。

"情节特别严重"是更高一阶的量刑标准，判处刑罚的起点是三年有期徒刑，最高可达七年有期徒刑，并处罚金。《解释（一）》第一条中对于"情节特别严重"的表述为："（一）非法经营数额在二十五万元以上或者违法所得数额在十五万元以上的；（二）假冒两种以上注册商标，非法经营数额在十五万元以上或者违法所得数额在十万元以上的；（三）其他情节特别严重的情形。"

网络游戏的知识产权受法律保护吗

网络游戏不是网络儿戏，其知识产权当然受到法律保护，这是毋庸置疑的。但是网络游戏构成较为复杂，其中涉及知识产权的要素多种多样，对网络游戏的知识产权进行保护也就变得复杂、困难。

网络游戏的知识产权要素多种多样，大致包括音乐、人物角色、美术画面、故事情节、源代码、网站设计、公司名称、游戏标识、技术方案、游戏元素设计、技术创新、价格信息、经营条款等，内容极为广泛。其中涉及的知识产权权益包括著作权、商标权、专利权和商业秘密等。

近几年，网络游戏发展蒸蒸日上，市场一片繁荣，利润不可估量。网络游戏侵权具有成本低廉、认定困难、侵权人法律意识淡薄、被侵权人怠于主张权利等特点，导致在一定时期内网络游戏侵权现象泛滥成为一种常态。

转折点来自2019年的一个2000万元的赔偿大案，它让人们对网络游戏知识产权的维权加以重视。

2019年12月26日，备受关注的《梦幻西游》网络直播侵权案在广东省高级人民法院进行了公开宣判，二审驳回上诉，维持原判。广州华多网络科技有限公司（华多公司）被判赔偿广州网易计算机系统有限公司（网易公司）2000万元，并且停止侵权。

其实，早在2014年底，网易公司就已经发现华多公司未经其允许组织主播在某些网络直播平台直播《梦幻西游2》的游戏内容，构成对其知识产权的侵害，并涉及不正当竞争。2014年11月24日，网易公司向广州知识产权法院提起诉讼，要求华多公司停止侵权、赔礼道歉，并赔偿损失1亿元。

一审法院判令被告赔偿原告2000万元，网易公司认为赔偿数额过低，华多公司认为赔偿数额过高。之后，原、被告双双提起上诉。

双方在二审中展开激烈交锋，该案件持续到2019年底二审宣判，才算尘埃落定。

[案例来源：中国裁判文书网，广东省高级人民法院发布，（2018）粤民终552号。]

1. 原、被告双方意见

网易公司的主要观点：

（1）网易公司享有对《梦幻西游》的著作权，该权利任何人不得侵犯；

（2）游戏画面符合类电作品的制作和表现，应当属于类电作品；

（3）玩家下载游戏后只有游玩的权利，不享有其他权利；

（4）游戏直播并非对游戏的独创表达，不属于游戏主播的权利；

（5）《中华人民共和国著作权法》保护的是游戏连续动态画面在整体创作上的独创性，不可单独割裂。

华多公司的主要观点：

（1）《梦幻西游》的著作权人其实是博冠公司，并非网易公司；

（2）游戏画面并非类电作品；

（3）网络游戏直播与网络游戏为相邻产业，直播会给游戏本身带来更多的利益，直播收益不应当属于游戏知识产权所有权人；

（4）游戏直播行为构成对著作权的合理使用。

2. 法院意见

（1）《梦幻西游》的著作权为网易公司，其游戏画面属于类电作品；

（2）游戏玩家应当遵守玩家守则的约定，不得随意展示、复制、传播、播放游戏画面，主播直播游戏的行为，构成侵权；

（3）网易公司对主张费用计算有误，1亿元索赔没有充足的法律依据；

（4）华多公司侵害了网易公司对其游戏画面作为类电作品享有的"其他权利"，属于《中华人民共和国著作权法》第五十二条第十一项规定的"其他侵犯著作权以及与著作权有关的权利的行为"，应承担侵权责任。

3. 争议焦点与律师解读

首先，网络游戏涉及的著作权为游戏的开发者所有，这是毫无争议的。但是对于网络游戏中的游戏画面是否属于类电作品要根据具体的情况具体分析。如果游戏画面运行时由游戏程序自动或应用户请求，调用已经制作好并存储在游戏客户端中的文字、美术、音乐等游戏资源并进行整合，形成连续动态画面，符合类电作品的制作和表现形式，应认定为类电作品。

其次，游戏用户在登录《梦幻西游2》游戏的过程中，必须点击同意

《服务条款》《玩家守则》等前置说明，必须遵守《服务条款》《玩家守则》等规定。游戏主播当然也不得例外。

4. 相关法律条文及司法解释

本案涉及的主要法律依据有：

《中华人民共和国著作权法》第三条第六项、第九条、第十条第一款第十七项、第十一条、第二十二条、第五十二条第十一项、第四十九条第一款；

《中华人民共和国著作权法实施条例》第四条第十一项；

《最高人民法院关于审理著作权民事纠纷案件适用法律若干问题的解释》第二十五条、第二十六条等。

5. 案例启示

保护网络游戏的知识产权逐渐得到了人们的重视，想要通过侵权行为牟取暴利的投机者，也会逐渐认识到侵犯网络游戏知识产权的严重后果。由此，网络游戏的发展环境将会得到进一步的净化。在此良好的法律环境背景下，有创新能力、有技术、有人才的中小企业一样可以在网络游戏的开发与运营中找到自己的用武之地，创出一片新天地。

电影作品的著作权归属及相关问题

　　著作权本身就是一种构成复杂的权利，因为著作权既包含人身权又包含财产权。比如发表权、署名权、修改权、保护作品完整权等都属于著作权的人身权。这些权利与权利人的人身紧密相连、不可分割。而著作权的财产权则与物质利益相关，包括复制权、发行权、出租权、展览权、表演权、放映权、广播权、信息网络传播权、摄制权、改编权、翻译权、汇编权等十几项之多。

　　视听作品本来就形式繁多，再加上著作权的构成复杂，这就导致电影作品的著作权变成了一种极其复杂的权利。虽然《中华人民共和国著作权法》有明确规定："视听作品中的电影作品、电视剧作的作品的著作权由制片者享有，但编剧、导演、摄影、作词、作曲等作者享有署名权，并有权按照与制作者签订的合同获得报酬。"我国法律把署名权和获取报酬权给了作者，把著作权的其他权利给了制片者。即便规定得如此清楚明白，但关于视听作品著作权的归属问题的纠纷依然只增不减。造成这种现象的原因就在于著作权的人身性权利具有与作者紧密相连的特征，又无法完全与著作权的财产权区分开来。当群众对著作权的人身权和财产权产生不同理解时，矛盾与纠纷也就随之发生了。

2007年，《鬼吹灯》系列小说的作者张某将该系列作品的著作权转让给上海玄霆娱乐科技有限公司。自2015年《鬼吹灯》系列第一部电影《鬼吹灯之九层妖塔》上映起，至今已经陆续出品了一系列的电影。上海玄霆娱乐信息科技有限公司赚得盆满钵满，原著作者张某更是声名鹊起。

2015年12月22日，在《鬼吹灯之寻龙诀》热映之际，玄霆公司却突然起诉张某等，指控张某等人侵犯其著作权，构成不正当竞争。原因是张某创作的《摸金校尉之九幽将军》一书使用相同人物等要素，而且涉嫌虚假宣传。

2017年7月31日，浦东人民法院做出一审判决，支持了原告部分诉讼请求，判决做出后，原、被告均不服，于2017年8月23日提起上诉。上诉期间双方达成和解，双双撤回上诉。一审判决成为生效判决。

［案例来源：中国裁判文书网，上海市浦东新区人民法院发布，（2016）沪0115民初6891号。］

1. 原、被告双方意见

玄霆公司的主要观点：

（1）原告从《鬼吹灯》系列小说作者张某处取得了该小说的著作财产权。《摸金校尉之九幽将军》系《鬼吹灯》小说的改编，被告侵犯了原告的改编权。

（2）被告作品大量使用《鬼吹灯》系列的相同元素，与《鬼吹灯》系列小说之间形成稳定的指向关系，已经造成混淆商品来源的情形，构成不正当竞争。

张某等被告的主要观点：

（1）被告未侵犯原告著作权。原创作者利用自己曾经创作的元素，不是著作权法意义上的改编。同样的理由，也不构成所谓的不正当竞争。

（2）根据双方当时的协议约定，被告向原告转让的是财产性权利，而新作品中对原有元素的创作属于思想范畴，是著作权的精神性权利，即人身权。

2. 法院意见

（1）著作权法保护思想的表达而不保护思想本身。著作权法保护的表达是用于体现作者思想的内容，但是仅仅是元素则不在保护范围之内。

（2）被告等利用原告现有影响开发、宣传自己的作品，相关产品也出现过"鬼吹灯"等关键字眼，构成引人误解的虚假宣传。

3. 争议焦点与律师解读

本案的终极焦点为：作者对原创作品原有元素的再创作是否是对原作的改编；电影作品相关权利确定后，原创作者是否有权利对原作品的元素进行再创作。

律师解读：本质上，著作权法保护的是呈现作者思想的内容，通俗来讲，著作权法保护的是故事，是情节；单个的元素，未经过加工体现不出任何和作者本人更多的关联，元素本身不受法律保护。就好像分子组成细胞之前是没有生命力的，而没有特定的组合，分子也成不了细胞。

对原有元素进行再创作，形成了新的情节，新的故事，不是对原作的改编；而且在没有明确约定排除原创作者相应权利的情况下，原创作者有权利对自己创造的元素进行再创造。

4. 相关法律条文及司法解释

《中华人民共和国著作权法》

第十条 著作权包括下列人身权和财产权：

（一）发表权，即决定作品是否公之于众的权利；

（二）署名权，即表明作者身份，在作品上署名的权利；

（三）修改权，即修改或者授权他人修改作品的权利；

（四）保护作品完整权，即保护作品不受歪曲、篡改的权利；

（五）复制权，即以印刷、复印、拓印、录音、录像、翻录、翻拍、数字化等方式将作品制作一份或者多份的权利；

（六）发行权，即以出售或者赠与方式向公众提供作品的原件或者复制件的权利；

（七）出租权，即有偿许可他人临时使用视听作品、计算机软件的原件或者复制件的权利，计算机软件不是出租的主要标的的除外；

（八）展览权，即公开陈列美术作品、摄影作品的原件或者复制件的权利；

（九）表演权，即公开表演作品，以及用各种手段公开播送作品的表演的权利；

（十）放映权，即通过放映机、幻灯机等技术设备公开再现美术、摄影、视听作品等的权利；

（十一）广播权，即以有线或者无线方式公开传播或者转播作品，以及通过扩音器或者其他传送符号、声音、图像的类似工具向公众传播广播的作品的权利，但不包括本条第十二项规定的权利；

（十二）信息网络传播权，即以有线或者无线方式向公众提供，使公众可以在其选定的时间和地点获得作品的权利；

（十三）摄制权，即以摄制视听作品的方法将作品固定在载体上的权利；

（十四）改编权，即改变作品，创作出具有独创性的新作品的权利；

（十五）翻译权，即将作品从一种语言文字转换成另一种语言文字的权利；

（十六）汇编权，即将作品或者作品的片段通过选择或者编排，汇集成新作品的权利；

（十七）应当由著作权人享有的其他权利。

5. 案例启示

新作品创作时对原作人物形象等要素的使用，应当遵循行业规范。一方面既要考虑保护著作权的权利人的正当权益，另一方面又要保障创作人的创作空间和自由。只有这样，才能让电影作品的发展环境以及原创作者的创作环境更加健康持续地发展。

如何改进公司对商业秘密的保护措施

商业秘密属于知识产权，是一个企业的财产性权利，是指不为公众所知悉的具有商业价值并且经权利人保护的技术措施、经营信息等商业信息。它对企业来说至关重要，是企业的核心竞争力之一，甚至会直接影响到一个企业的生存。

◆ **商业秘密保护的范围**

对商业秘密进行保护，最重要的是对掌握企业商业秘密的人进行合理的管理与监督，毕竟秘密不会自己主动"跑"到别的地方而为他人所知晓。当然，对于保密的设备与技术，同样不能掉以轻心。

1. 设备保密

对于可能涉及企业商业秘密的设备，都需要做到相应的管理。比如打印机，一定要配备专用打印机并安排专人管理。在使用打印机的过程中也要做到实时关切，注意废弃纸张及时损毁，不重复利用等。还有传真机、电脑等，都要做到相应的管理和保护。

2. 技术保密

技术保密，主要是指网络技术的保密。专门用来保管商业秘密的计算机一定不要联网，以防止黑客利用漏洞进行攻击；员工的电脑也要进行统一的管理，禁止私自下载软件等；对相关文件要做好保密措施，应用加密程序，以免在传输文件、传送信息等过程中被他人窃取。

3. 人员保密

人员保密，是商业秘密最重要的保密环节。首先，要建立完善的规章制度，并要求所有员工遵守，有些员工还要签订保密协议。然后根据制度，建立专门的监督和管理机构，来管理保密事务，集中力量，避免资源浪费。此外，还要严格限制员工对商业秘密的接触范围，专人专责，一一对应，提高员工泄密的成本。

◆司法救济

司法救济是商业秘密被泄露之后的最后的补救措施，是亡羊补牢之举，可以尽量减少商业秘密被泄露对企业造成的影响。因为，通过合同约束的员工泄露公司的商业秘密势必是违约行为，可以依合同法追究其违约责任。对于非法获取商业秘密的公司或个人，还能追究其侵权行为。除此之外，侵犯商业秘密的行为还有可能违反不正当竞争法，可以依法追究其法律责任。

如何对侵权行为采取必要的制裁措施和行动

　　企业如果将知识产权的法律风险防范工作做到尽善尽美，当然能最大限度地避免一些法律风险，但是仍然无法完全阻止其他公司或个人对企业的侵权。当侵权一旦发生，企业应当及时做出反应，并采取必要的措施对侵权行为进行制裁，以避免造成更多损失。

　　1. 搜集证据

　　面对侵权行为，企业应当及时做出反应。想要制裁侵权行为，索取赔偿，就必须掌握足够的证据，这也是制裁侵权行为的基础。没有证据，一切制裁的想法只能是白费力气，徒劳无功。

　　2. 及时交涉

　　掌握证据后就有了谈判的筹码，企业应当尽快派遣工作人员向对方提出交涉，明确各方权益，要求对方及时停止侵权，赔偿损失，消除影响，否则追究其法律责任。

　　3. 请求救济

　　如果与侵权企业协商失败，或者不愿意与其协商，企业可以向有关部门申请帮助。比如关于商标侵权，当事人可以向工商行政管理部门申请帮助。工商行政管理部门认定侵权行为成立时，会责令对方停止侵权。有些情形还会对侵权方处以行政罚款等措施。

4. 依法起诉

经过协商、调解等方式仍然未能解决问题，或者对结果不满意的，企业可以依照《中华人民共和国诉讼法》，向有管辖权的法院提起诉讼。

如何对他人使用公司知识产权实行有效监管

　　他人使用公司知识产权的情形包括：知识产权许可、转让、出资、信托、拍卖、质押、商业特许经营、捐赠、强制执行、破产处分等。其中，知识产权许可是他人使用公司知识产权的基本方式。

　　1. 被许可人按约定使用知识产权

　　许可人可以通过许可合同，约束并要求被许可人按照约定使用知识产权。

　　许可形式可以通过许可合同进行约定，主要有三种形式：普通许可、排他许可、独占许可。许可人可以通过不同许可形式对被许可人进行一定的约束。

　　2. 许可合同备案

　　许可合同需要向主管机关或者有关职能部门进行备案，以备考察。除了方便国家机关对知识产权的情况进行管理以外，也有利于许可人及时发现问题，维护许可人的合法权益。

　　3. 禁止被许可人使用近似商标

　　使用近似商标，可能会对消费者产生一定的影响，甚至引起消费者的误会，误认为近似商品与被许可商品有一定的关联。

　　4. 做好商品质量监控

　　许可人应当监督被许可人使用其知识产权所生产商品的质量，这既是许可人的义务，也是许可人能够有效监督被许可人的有效办法。

第五章

合同签订——避免掉入法律陷阱

企业销售类合同的主要风险与防范

销售类合同会存在哪些风险呢？如果一一列举恐怕很难罗列清楚，而且销售类合同风险较多，列举的过程中难免会有疏漏。其实，只要我们把销售类合同的元素拆开来一一分解，就会发现很简单。销售类合同的元素无非是"人""物""钱"，这三个元素都有属于自己的法律风险。接下来我们就来一一分析这些风险，并寻找相应的对策。

◆ "人"的法律风险以及防范对策

"人"有两重意思：第一重意思是法人，也就是合同的主体；第二重意思就是代表主体签订合同的真正的人。两重"人"也存在着不同的法律风险，需要分开来看。

1. 法人的风险

销售合同中签订合同双方的主体资格是非常重要的，可以说是一个合同的基础。主体不适格，会导致合同最终不能履行；主体信用度差，销售方可能会投机取巧，购买方可能会拖延货款。总之，合同的主体一旦产生了问题，就会直接导致双方履约出现问题。

现在工商信息的很大一部分都能在网络上查到，甚至有很多专门查询公司信息的手机软件。签订合同之前，一定要多渠道、全方位地了解对方的工商信息，查询对方的营业执照以及信用等级等。

2. 人的风险

销售合同中另一个比较重要的元素就是签订合同的人。签订合同的人是否有权限代表公司签订该销售合同是签订合同时必须认真核对的。否则合同一旦出现问题，签合同的人并无代理权限，该人签合同时又不构成表见代理，那合同的损失可能会由自己承担。

因此，在签订合同之前，应当查询其工商信息，了解签合同的人在其公司的职位，有授权委托书的人，对其委托书一定要仔细甄别真伪，并且注意授权范围等内容。

◆ **"物"的法律风险及防范对策**

"物"指的就是销售合同的商品。商品的法律风险也要立体地来看。商品的质量在生产之初就存在好坏的问题，另外商品数量的清点、商品验收的标准、商品的运输、商品的交付等环节也都可能存在问题。

因此，在签订销售合同的过程中一定要明确：销售合同中对产品性状的描述一定要注意；双方对于商品质量的认知以及标准一定要明确而统一；商品的运输方式、交货地点及运输费用的承担同样需要明确；运输过程中商品的归属变化节点一定要约定；相关的保险要购买，并且约定清楚费用承担方；商品的交付环节应当非常严格且留足证据。

◆ **"钱"的法律风险及防范对策**

"钱"指的是货款。对于销售方来说，货款的问题尤为重要。

第一，货款的交付时间以及每一次交付的比例或者具体数额一定要明确。

第二，货款的支付方式一定要约定清楚。转账、汇款、现金、票据等方式尽量只约定其中之一。

第三，货款支付延期的违约责任一定要明确。除了明确违约的情形，更要明确违约责任的具体数额。

◆其他注意事项

第一，合同内容应当严格审查。对于这种情况，一定要尽量避免使用容易产生歧义的词语，多义词和近义词较多的词语都要慎用，非用不可的，一定要注明释义。前后表述要一致，要仔细阅读，反复查阅，避免前后矛盾。

第二，产品质量应当严格把关。此类问题一旦出现就较为严重。产品质量还好说，一旦由于产品质量导致人身损害的，就可能产生人身损害赔偿的巨额损失。因此，产品质量一定要严格把关，产品使用风险一定要说明，并且要购买相应的保险，避免意外发生后产生更大的损失。

企业采购类合同的主要风险与防范

企业采购类合同的主要风险，同样可以采用本章第一节的方法，即将合同的要素进行拆分。将"人""物""钱"三种基本元素的法律风险有逻辑地一一拆分，并对应每一种风险去思考相应的对策。但是，采购类合同与销售类合同略有不同，在"物"和"钱"这两个元素上所表现出来的法律风险是不同的。因为，采购类合同的主要元素是"物"，也就是商品，所以针对采购类合同的风险及防范的重点在于"物"这一主要元素的风险及防范上。

既然采购类合同的风险及防范在"物"，也就是商品，那么采购一方就应当着重注意与"商品"发生关联的环节。在采购过程中，商品的收取、商品的质量、商品的责任三个方面是非常需要采购方严格把关、仔细把握的，也是签订合同过程中最需要注意的内容。

1. 商品收取的风险及防范

采购商品的重要环节，即商品的收取，有许多需要企业注意的地方。对于收货的时间地点、收货的方式、延迟收货的责任、发生收货争议的解决方式等方面都需要明确地表现在采购合同中。

如果采购合同中约定商品一次发完，那么一定约定好要在对商品质量严格把关并完成验收之后才能付清全部货款。先支付货款后发货的，应当建立共管账户，在完成商品验收之后才能配合对方取款。

对于可能发生延时发货情形的采购合同，一定要约定延时最长期限以及相应的违约金。延时交货需收取合理的违约金，超过最长期限的，采购方企业有权单方面解除合同并索要相应的损失赔偿。

2. 商品质量的风险及防范

关于商品的质量，采购合同中一定要明确验收标准，防止产生争议。对于商品质量不合格的情形一定要在合同中约定好处理方法，比如退货、修理、更换等。对于多次交货仍然存在有规模、有数量的商品验收不合格的情况，要约定合理的违约金，并且保留单方面解除合同的权利。

3. 商品责任的风险及防范

采购合同完成之后，发生商品质量问题的情形也比较常见。虽然采购方在收到商品时已经进行了验收，但是商品质量发生问题的责任也不能由采购方完全承担。

签订采购合同时应当约定某些商品的保修情形与保修期限。同时，采购合同中应当要求销售方缴纳一定数额的质量保证金，以确定在一定时期内，一旦发生商品质量责任问题，可以有一定的资金保障，并且要在合同中约定不履行保修责任的情形下，对方应当支付足额的违约金等。

最后，企业还需要注意的是，企业应当根据自身的特点制定出适应社会发展变化的管理措施，不同类型的合同要制定不同的签订流程，建立严格的合同审查制度，不断调整纠纷预防与索赔机制。

企业合同履行的风险防范

签订合同后，意味着双方进入合作阶段。在实践中，很难说合同的履行就能按部就班地不出一点儿差错。一旦出了差错，企业应该采取什么措施呢？一味地谦让或轻易地就对簿公堂对企业来说都不是最好的解决问题的方法。如何在这两者之间找到平衡，最大限度地减少企业的损失，维护企业的正当权益才是企业需要研究的解决问题的方法。

那么，在履行合同的过程中会产生哪些法律风险？企业又应当注意哪些事项才能妥善处理相关问题呢？这需要我们来分析合同在履行过程中可能会出现哪些情况。首先，双方签订的合同必须是合法有效的。其次，合同的履行可能会受到外部因素及内部因素的影响。

◆受到外部因素影响的风险与对策

由于市场一直处于不断的变化中，尤其是受到无法预料的情况的影响，使得经济形势的变化可能会造成货物市场价格发生巨大变化。比如始料未及的、影响范围较广的旱灾，对农作物的价格以及水力发电行业产生明显影响。

合同中往往会有不可抗力的免责条款，一旦出现此类重大情况，所有损失各方自担，处理起来不用花费太多的心思。某些足以引起市场波动但是仍然够不上不可抗力级别的事情，对于企业来说既是最棘手的，也是最常见的。此类问题没有固定的解决方法，但是一定要有一个清晰的思路，那就是：企业一定要选择最符合企业利益的那一条路。

相比主动违约、解除合同、提起诉讼等解决问题的方式，主动友好地协商，永远是解决问题的最好办法，也是处理所有问题的第一步。如果通过协商解决不了，再选择法律途径也为时不晚。法律途径是其他解决途径无效后的一种选择。

◆受到内部因素影响的风险与对策

能够影响合同实际履行的因素很多，违约的情况也非常多。比较常见的违约情况大致有这几种：货物验收争议、商业秘密泄露、拖欠货款货物以及失去履约能力等。

面对货物验收时发生的争议，一定要在合同约定的期限内，按照合同约定的形式向对方提出书面异议。如果超过了合同约定的期限或者没有按照合同约定的方式来向对方提出异议，那么，企业可能会因此失去向另一方索赔的合法权益。

商业秘密泄露可能会发生在部分企业的合作当中，这种情况一般可通过合同约定高额的赔偿金额来进行限制，情况严重的还会触犯刑法，受到法律的制裁。这一点是各企业务必不要触碰的高压线。

拖欠货款货物是非常常见的合同纠纷，也是各企业在常见问题中最难处理的纠纷。因为，企业在合作中往往会考虑长期的发展与合作，直接诉讼或许会导致合作终止及客户流失。出于此种考虑，债权债务的主张可以稍微后延，等待转机，但是时间不宜过久，因为《中华人民共和国民法典》中规定，债权债务主张的诉讼时效一般是三年。在诉讼时效届满前应当及时向法院提起诉讼或者在诉讼时效届满前以书面形式等向对方主张债权并且留下证据，避免自己的权益因为"过期"而失效。

当合同的一方由于自身经营不善等原因导致失去履约能力时，另一方应当及时与对方进行磋商，让对方及时履行合同或者提供担保。如果解决不了问题，可以基于不安抗辩权向法院提起诉讼，要求解除合同。

中小企业劳动用工合同的风险与防范

劳动用工合同是企业与劳动者之间签订的合同。劳动用工合同明确双方的权利与义务，确认双方的劳动关系。我们可以采取与分析采购合同的风险同样的方法分析劳动用工合同的风险，那就是先拆分出劳动用工合同的基本元素。

劳动用工合同的基本元素不像销售合同或者采购合同那样简单，其涉及的内容比较多，大致可以分为：合同主体双方、合同期限、劳动内容、劳动条件、劳动报酬、社保缴纳以及解除合同的条件等内容。

其中容易发生问题的基本元素包括合同期限、劳动内容、社保缴纳以及解除合同的条件四个基本元素。下面我们就从这四个方面来分析中小企业劳动用工合同的风险与防范。

1. 合同期限的风险与防范

首先，劳动用工合同的期限应当根据企业的实际情况以及对未来发展的评估，本着有利于企业发展的原则来约定。如果不考虑企业的实际情况或者忽略了企业未来可能的发展状况，劳动合同用工期限的约定就容易产生与企业自身发展不相适应的情形，长此以往，必定影响企业对人才的任用与选拔，进而影响企业的软实力。

其次，劳动用工合同期限届满之前30日内，企业应当及时征求劳动者的意见，明确劳动者是否续约。不准备与劳动者再续约的，企业应当采取书面形式通知劳动者。同时，满足一定条件的企业还应当与劳动者签订无固定期限劳动合同。

2. 劳动内容的风险与防范

劳动内容中最容易产生问题的部分就是对于员工的"岗位调动"。因为根据《中华人民共和国劳动法》的相关规定，员工的岗位一旦确定，是不能轻易地变更和调动的。企业只能在四种情况下对员工的岗位进行调动。第一，双方进行过协商，且协商一致的；第二，劳动者患病或者负伤，到期后不能从事原岗位工作的；第三，劳动者不能胜任工作的；第四，发生重大客观变化，导致不能按照原合同履行，经协商员工同意的。从以上四种情形来看，在一定条件下，企业有调动员工岗位的权利。企业要想更加便利地行使调动员工岗位的权力，需要把劳动合同中的工作内容约定得明确且具体。只有这样，企业才能够在实践中辨别出真正不能胜任工作的员工，并且根据合同以及相关法律规定，对相关员工进行岗位调动。

3. 社保缴纳的风险与防范

根据相关法律的规定，用人单位应当依法足额为劳动者缴纳社保。但是在实践中，经常出现企业为了节省开支，而不为员工缴纳社保的情形，甚至会出现员工主动要求用人单位不缴纳社保的情形。但需要注意的是，无论是哪种情形，一旦发生事故或者纠纷，企业都将遭受巨大损失，甚至会受到行政干预以及处罚。

所以，在任何情况下，企业都应当为员工足额缴纳社保，对于不同意缴纳社保的员工，一定不能录用。缴纳社保是法律的强制规定，即便企业

与员工私下达成协议，也无法规避相应的责任，因为违反法律规定的协议
是无效的。

4. 解除合同条件的风险与防范

据统计，因企业单方面解除劳动合同造成的劳动纠纷的数量一直在
各种类型的劳动纠纷案件中占较大比重。因为，企业单方面解除与员工的
劳动合同，会受到很多的限制。只有在一些特定的情形下，企业才可以单
方面解除劳动合同。比如：劳动者不符合录用条件的；劳动者严重违法乱
纪，扰乱企业经营秩序或者给企业造成巨大损失的；劳动者被依法追究刑
事责任的；劳动者不能胜任工作，且不接受岗位调动或者调动工作后仍然
不能胜任的；发生重大客观变化，原合同不能继续履行且经过协商无法达
成新的协议的；企业遭遇重大问题，经营严重困难的。

最后，企业还需要注意的是，企业应当谨慎处理与员工解除劳动合同
的问题，否则，一旦处理不当，就需要给被解除劳动合同的员工一定的经
济赔偿。

无固定期限劳动合同怎么签

无固定期限劳动合同，是指用人单位与劳动者约定无确定终止时间的劳动合同。无确定终止时间并非合同不能终止。一旦出现了违反合同约定或者法律规定的情形，无固定期限劳动合同同样能终止。

当然，无固定期限劳动合同也不是随意能签的，必须满足一定的条件才可以。订立无固定期限劳动合同，有下列几种情形：

（1）用人单位与劳动者经过友好协商，双方自愿签订无固定期限劳动合同。

（2）劳动者在某单位连续工作时间已经满十年。在劳动者自愿的情况下，用人单位应当与劳动者签订无固定期限劳动合同。

（3）劳动者在用人单位工作累计满十年，且距离退休年龄不足十年的，用人单位应当与劳动者签订无固定期限劳动合同。

（4）用人单位与劳动者已经连续两次签订劳动合同，合同到期后，用人单位应当与劳动者签订无固定期限劳动合同。

（5）用人单位自用工之日起满一年不与劳动者订立书面劳动合同的，视为用人单位与劳动者已订立无固定期限劳动合同。

只有在满足了上述五种基本情形之一的情况下，用人单位与劳动者才可以签订无固定期限劳动合同。其实，通过总结上述五种情形，我们可以得到一个结论，那就是，签订无固定期限劳动合同，不管需要满足什么样的条件，都必须要经过劳动者的同意。这是劳动法对于劳动者合法权益保护的体现。

法律对"阴阳合同"有什么限制

阴阳合同是指签订合同的双方就同一事项订立两份内容不同的合同。"阴合同"是"对内"的，是双方的真实意思表示；"阳合同"是"对外"的，并非双方真实的意思表示。签订"阴阳合同"，往往是以逃避国家税收等为目的，其行为是违规的。

虽然"阴阳合同"是违规的，但是，在法律上并未对此行为进行明确的禁止，反而有些时候，为了保护交易各方的真实意思表示，法院会对符合法律规定，且不损害国家利益的"阴合同"的效力予以认定。

在司法实践当中，"阴阳合同"的效力是受到一些限制的。那些恶意串通、损害国家利益的合同是无效的，并且两份合同全部无效。但是对于能够正常交易、保护双方真实意思表示的"阴阳合同"，其避税的部分条款是无效的，但是，其他条款仍然有效。

虽然"阴阳合同"可以继续签，但是，这种行为存在着极大的法律风险。如果"阴阳合同"的签订是为了逃避数额较大的税款，或者签订的次数较多，严重损害国家利益、破坏国家税收制度，这样将构成犯罪，签订者将会面临法律的审判，严重者会受到刑事处罚。

"阴阳合同"成为热点词语，受到国家税务总局的密切关注，还要源于2018年6月群众对影视明星范某的举报。

2018年6月初，江苏省无锡地税局接到群众举报，范某在参与电影《大爆炸》的拍摄过程中，以签订"阴阳合同"的方式偷税、漏税。

该举报引起了税务总局的高度重视，立即责成江苏省等地的税务机关对范某偷税、漏税一案展开调查。经过一系列的调查核实，历时将近四个月，相关部门终于查清了全部事实。范某以签订"阴阳合同"的方式偷逃个人所得税618万元、营业税及附加112万元，总计730万元。另外，"拔出萝卜带出泥"，此案还查出范某担任法定代表人的相关企业有偷逃税款的行为，少缴纳的税款高达人民币1.48亿元。

9月30日，江苏省税务局正式下达《税务处理决定书》和《税务行政处罚决定书》，对范某收缴税款、罚款、滞纳金等总计人民币8.84亿元。后续的事情大家也都非常清楚，范某公开道歉，并在规定时间内完成了税款的补缴。范某被依法不予追究刑事责任，此事告一段落。

（上述《税务处理决定书》和《税务行政处罚决定书》见国家税务总局江苏省税务局网站。）

1. 网友质疑

范某偷税、漏税，涉案金额高达两个多亿，对其罚款甚至高达8.84亿元。其行为已经触犯了刑法。这么严重的行为，为啥没有判刑，而是罚款了事？

2. 江苏省税务局回应

针对范某一案引起网上的热烈讨论，可以理解。但是，对范某不予追究刑事责任并非有任何的"猫儿腻"，完全是依法办事。

范某偷税、漏税行为是首次被税务机关处理，其此前也未因为此类案件受过刑事处罚。并且在案发后，范某在规定期限内缴纳了足额的税款、滞纳金以及罚款，根据《中华人民共和国刑法》第二百零一条的规定，对范某依法不再追究其刑事责任。

3. 专家评论

有法学专家也对此事件进行了评论。刑法规定，对于满足一些条件的偷税、漏税者免去刑事处罚是符合立法目的的，最终能够及时追缴税款，督促纳税人依法纳税，足以保障国家税收安全。

◆相关法律依据

《中华人民共和国刑法》

第二百零一条　纳税人采取欺骗、隐瞒手段进行虚假纳税申报或者不申报，逃避缴纳税款数额较大并且占应纳税额百分之十以上的，处三年以下有期徒刑或者拘役，并处罚金；数额巨大并且占应纳税额百分之三十以上的，处三年以上七年以下有期徒刑，并处罚金。

扣缴义务人采取前款所列手段，不缴或者少缴已扣、已收税款，数额较大的，依照前款的规定处罚。

对多次实施前两款行为，未经处理的，按照累计数额计算。

有第一款行为，经税务机关依法下达追缴通知后，补缴应纳税款，缴纳滞纳金，已受行政处罚的，不予追究刑事责任；但是，五年内因逃避缴纳税款受过刑事处罚或者被税务机关给予二次以上行政处罚的除外。

合同是否都可以采用电子签名

什么是电子签名？根据《中华人民共和国电子签名法》第二条的规定，法律上的电子签名是指数据电文中以电子形式所含、所附用于识别签名人身份并表明签名人认可其中内容的数据。

自2005年电子签名法颁布开始，电子签名在各行业的合同签订中得到广泛应用。尤其是随着互联网的飞速发展，电子签名的应用大大方便了电商与用户之间的合作，并且电子签名形式的合同在网上银行、电子营业厅等场所找到了非常适合自己生存的土壤。

电子签名是否有效在很大程度上依赖于双方当事人在合同当中的约定。在合同中，是否可以采用电子签名取决于双方当事人之间的约定。当事人之间约定可以使用电子签名的，并且实际使用的，是有法律效力的，且与签名、盖章和摁手印的法律效力是相同的，当事人不得以仅有电子签名为由来否定电子合同的效力。

但是，并非所有类型的合同都可以使用电子签名。根据法律规定，有下列情形的合同，不可以仅以电子签名来确认其法律效力，它们分别是：第一，涉及人身关系的合同，比如婚姻中的离婚协议书、收养合同、遗嘱继承合同等；第二，涉及停止供水、供热、供气等公用事业服务的；第三，法律及行政法规等规定的不宜使用电子文书的其他情形等。

合同传真件与原件具有相同的法律效力吗

合同的传真件其实也是书面合同的形式之一，但是传真件并不能完全等同于合同原件。同样的，传真件的法律效力与原件的法律效力也不完全相同。

除了传真件，合同原件的"化身"还包括扫描件、复印件。它们三个都属于合同原件的备份，所表现出来的法律效力是不同的。扫描件与复印件的性质是完全相同的，其作用是用来与合同原件进行核对，防止合同原件被随意篡改。但是单独拿出来，在证明力上是非常低的，可以说单独的复印件与扫描件是基本上不具备法律效力的。

传真件虽然在本质上也是合同原件的复刻品，但不同的是，经过一系列的操作，传真件也会摇身一变成为"原件本件"。仅以传输内容为目的的传真件，跟扫描件、复印件的性质一样，是不能单独作为认定事实的依据的，但是，如果双方就传真件上的内容进行了确认或者修改甚至签字确认的，传真件就具备了合同原件的性质。具备合同原件性质的传真件仍然不一定具备合同原件的法律效力。合同双方相互承认的传真件，在合约形成的过程中如果有一方反悔，该传真件就不能认定为成立的合同。另外，在双方认可的情况下，已经具备合同原件性质的传真件仍然不能牢牢地坐稳其地位。因为，在这种情况下，如果双方当事人又就同一事宜签订了正式的合同文件，那该合同文件就会顶替传真件的"正宫娘娘"地位，而传真件就又会失去其单独证明事实的能力。

　　因此，传真件的法律效力比扫描件与复印件的法律效力要高一点儿，但是它不能完全取代合同原件的法律地位，其法律效力是待定的。

员工怀孕期间劳动合同到期，公司能否不予续签

许多人或许都或多或少地了解到，我国的劳动法对女性职工的权利是有特殊照顾的。对于怀孕的女性职工，是不能轻易与其解除劳动关系的。那么，如果在员工怀孕期间，劳动合同正好到期了，企业应当如何处理与怀孕员工的劳动关系呢？

直接解除劳动合同是不被法律允许的，强制企业与员工续约，对企业来说又是非常不公平的一件事。企业面临这种情况似乎是走到了一个进退两难的境地。其实这个问题本身没有这么复杂，其关键不在于是解约还是续约的选择，而是处理此问题的时间。如果在员工怀孕期间，劳动合同到期，企业愿意与员工续约，可以直接签订新的劳动合同并且执行。如果企业不愿意与该员工继续续约，可以选择与员工解除合同，但是解除合同的时间不是合同到期的时间，而是应当根据怀孕员工的情况相应进行顺延。在员工怀孕的情况结束之后，再重新考虑合同是否续约的问题。

◆相关法律依据

《中华人民共和国劳动合同法》

第四十二条 劳动者有下列情形之一的，用人单位不得依照本法第

四十条、第四十一条的规定解除劳动合同：

（一）从事接触职业病危害作业的劳动者未进行离岗前职业健康检查，或者疑似职业病病人在诊断或者医学观察期间的；

（二）在本单位患职业病或者因工负伤并被确认丧失或者部分丧失劳动能力的；

（三）患病或者非因工负伤，在规定的医疗期内的；

（四）女职工在孕期、产期、哺乳期的；

（五）在本单位连续工作满十五年，且距法定退休年龄不足五年的；

（六）法律、行政法规规定的其他情形。

第四十五条　劳动合同期满，有本法第四十二条规定情形之一的，劳动合同应当续延至相应的情形消失时终止。但是，本法第四十二条第二项规定丧失或者部分丧失劳动能力的劳动者的劳动合同的终止，按照国家有关工伤保险的规定执行。

第六章

财务管理——建立风险防控体系

公司的财务预算方案应当由股东制订吗

对于公司来说，财务预算方案非常重要，因为它不仅影响公司的经营计划，还关乎公司未来的发展。那么，作为公司的拥有者，股东可以参与公司财务预算方案的制订吗?《中华人民共和国公司法》又是如何规定的呢?

广义上来讲，公司的财务预算方案的制订是有股东参与的。股东可以参与公司财务预算方案的起草、讨论以及审批活动。对于"制订"一词的广义理解，其内涵应当包括起草、讨论以及审批。

但是从法律的角度，严格意义上来讲，"制订"一词，仅仅是狭义上的理解，并不包含起草、讨论以及审批等活动。那么，公司的财务预算方案应当由谁来制订呢?

《中华人民共和国公司法》第四十六条对董事会的职权进行了规定，其中第四项的内容就是制订公司的年度财务预算方案、决算方案。我们可以从法律的规定中了解到，公司的财务预算方案是由董事会来制订的，股东并不直接参与公司财务预算方案的制订，但是可以参与讨论、起草以及审批等工作。

有人可能会产生疑问，董事会成员中是有股东存在的。确实，股东既可以是公司的拥有者，也可以是公司的管理者。但是，在制订公司预算方案的过程中，其并非以股东的身份来参与，而是以公司管理者的身份参与其中。制订公司财务预算方案时，"股东"就不再是"股东"了，而是"董事会"成员的一分子。

因此，公司的财务预算方案并不由股东制订，但是在制订者中，有人具备股东的身份。

关联企业间的无息借款是否合法

什么是关联企业？企业之间存在双方或者单方面的重大影响关系，甚至存在间接或者直接的控制关系，具备这种关系的企业，被称为关联企业。关联企业之间的关系可以说是"实在亲戚"。那么，关联企业之间进行无息借款，被法律允许吗？

《最高人民法院关于审理民间借贷案件适用法律若干问题的规定》第十条规定："法人之间、非法人组织之间以及它们相互之间为生产、经营需要订立的民间借贷合同，除存在民法典第一百四十六条、第一百五十三条、第一百五十四条以及本规定第十三条规定的情形外，当事人主张民间借贷合同有效的，人民法院应予支持。"这也就说明，法人之间也就是企业之间订立的民间借贷合同，只要不违反合同法等法律法规的相关规定，就应当是有效的。而合同法等法律并未对关联企业等情形有禁止的规定，关联企业之间的借款，只要是双方自愿的，就应当是有效的。

但是，关联企业之间的借款是否可以不约定利息呢？这个问题在《中华人民共和国合同法》以及《最高人民法院关于审理民间借贷案件适用法律若干问题的规定》中并没有禁止性规定，但是，关联企业之间进行无息借贷，可能会影响到税收，应当受到相关法律的制约与调整。

　　根据《中华人民共和国增值税暂行条例》的规定，纳税人发生应税销售行为的价格明显偏低并无正当理由的，由主管税务机关核定其销售额。另外，根据《中华人民共和国税收征收管理法》第三十六条规定，对于上述情形，税务机关有权进行合理调整，并且若借贷双方存在关联关系，税务机关有权核定其利息收入并收缴营业税和企业所得税。

企业资金拆借的风险与防范

　　什么是企业资金拆借？它是指满足一定条件的企业经过一定的程序，可以将自己企业内暂时闲置的资金以签订合同的方式让渡给其他企业应急使用。其本质属于法人之间的民间借贷。企业资金拆借作为企业间资金互助的一种形式，可以在一定条件内为许多公司解燃眉之急。

　　前面提到过，企业之间的民间借贷也是有效的，但是不能约定无息。除了这个特点，其与自然人之间普通的民间借贷还是有一些区别的。比如生效时间不同。自然人之间的借款合同的生效时间在出借人提供借款时生效；而企业之间的借款合同，进行登记的，以登记时间为生效时间，没有其他情形的，以合同签订时间为生效时间。另外，法律责任也不相同。自然人之间的借款合同，违约责任一般在债务人。而企业间的借款合同，以合同约定时间为生效时间。合同生效后，出借人未按约定、未按时向借款人提供相应借款的，还可以追究出借人的缔约过失责任。除此之外，企业资金拆借的法律风险要高于自然人之间的民间借贷，并且容易对社会造成一定的影响。

1. 企业资金拆借容易导致债务危机的风险与防范

　　企业资金拆借形成后，企业之间形成了相应的债权债务关系，得到资金的企业如果依然经营不善，导致借款难以按时还清，就会导致出借资金的企业的资金不能得到及时回转。由于企业拆借的资金都是暂时闲置的，并非一种长期固定的投资，因此，若出借的资金收不回来，就会导致企业的资金周转困难。这种影响往往是连锁的反应，严重的就会造成债务危机。

此种危机的出现，单靠企业自身的能力是难以控制的，需要相关部门进行调控，严格管理并控制企业资金拆借市场的开放，明确短期资金的调剂范围，制定相应的管理制度。

2. 企业资金拆借可能会造成金融投机的风险与防范

在中国，金融投机行为是不被法律所允许的。这种行为表现为低利息贷进资金然后高利息贷出，违背了企业资金拆借是为了企业内部之间解决资金问题而进行互助的最初目的。

因此，企业资金拆借应当在有条件、有限制、有组织的条件下进行。行业组织内部企业进行资金拆借，拆借利息应当控制在一定的范围内。除此之外，相关行政部门以及组织应当对此种情况进行密切的监控和严格的监督。

3. 企业资金拆借可能会造成信用失控的风险与防范

信用失控会对整个市场乃至整个社会造成不利影响，具体表现为基建膨胀以及物资紧张。造成信用失控的原因是企业在开展资金拆借时，把短期资金用于长期固定的投资以谋求自身的利益。此种行为损害的是社会乃至国家的利益。

如何避免此类情况？仅依靠企业自身的力量是难以做到的。金融机构应当对企业资金拆借进行严格把关，运用综合手段调节企业行为，尽量避免企业信用失控的情况发生。

内外账是否合法？有哪些风险

内外账，顾名思义是指一个公司内存在两个账本：一个是对公司内部的，称为"内账"；一个是对外公开的，称为"外账"。内账是用于公司内部管理的真实账目，记录了公司的所有收入、支出；外账是交给税务局等相关部门的，是通过一些虚假的记录，实现偷税的目的。所以，一个公司有两个账本的行为是违法的，在我国只允许公司有一个账本。内外账同时存在会导致我国的税款流失，对国家和人民损害极大。

虽然国家三令五申，严格禁止一切公司设置外账，但事实上，仍有很多企业为了达到偷税等不法的经济目的而私自设置外账。外账的设置具有很大的隐蔽性，除了公司内部的关键人员，其他人很难发觉。

外账的存在形式也无非三种：第一种被俗称为"金库账"，即在正常的账本之外设立一个"金库账本"并开设相应的账户，用于发放工资福利等；第二种外账被俗称为"仓库账"，设立该账本的目的是将公司的资金套取出来；还有一种外账被俗称为"利润账"，目的是将公司大量的资金转入私人账户，用于其他的账外经营以获取更多的利润。

设置外账的行为是非法行为，一旦被发现，公司的相关责任人员都将会受到相应处罚，情节严重的，甚至还会触犯刑法，最终锒铛入狱。

在前面涉及"阴阳合同"一节中，我们了解到影视明星范某因偷税漏税数额巨大触犯了刑法，在交了超过8亿罚款之后才免了牢狱之灾。可是，她的经纪人也就是其公司的会计，却因销毁会计凭证、会计账簿等行为涉嫌犯罪被公安机关依法采取强制措施。很明显，该会计所销毁的会计账簿就是范某所参与经营的公司的外账。

范某的经纪人因销毁外账而锒铛入狱，此案例一定要引起大家足够的重视。公司内不要设置所谓的"内外账"，公司的账目应当保存，在规定的年限内不能随意销毁。各企业应当遵纪守法，切莫心存侥幸，以身试法。

虚开增值税发票需要承担哪些法律责任

虚开增值税发票是徇私舞弊的违法行为，某些纳税主体为了达到偷税等目的，在交易商品等过程中开具虚假发票，在商品名称、商品数量、商品价格等内容上弄虚作假，甚至直接虚构交易事实开具虚构的发票。

◆ **对虚开增值税发票的惩治措施**

虚开增值税发票有两种：一种是虚开增值税普通发票；一种是虚开增值税专用发票。针对虚开增值税普通发票以及虚开增值税专用发票的两种行为，国家法律分别有不同的惩治措施。

1. **虚开增值税普通发票的法律责任**

虚开增值税普通发票，是以偷税为目的，违反国家规定的虚开发票的行为。该行为会造成两个结果："行为结果"和"目的结果"。行为结果就是"虚开发票"本身的结果就已经触犯了法律；目的结果是"偷税"，应当受到税务机关的处罚。

根据《中华人民共和国刑法》等相关规定，虚开发票情节严重的，犯虚开发票罪，处两年以下有期徒刑或者拘役，并处两万元到二十万元之间的罚金。情节特别严重的，处七年以下有期徒刑。这是"行为结果"可能造成的后果。

除此之外，出现"目的结果"——偷税的行为，还将受到税务机关的处罚。税务机关针对这种行为，除了按照发票管理办法的规定进行处罚外，还应当追缴其所偷逃的税款，并处最高可达偷逃税款五倍的罚金。

2. 虚开增值税专用发票的法律责任

虚开增值税专用发票或者虚开用于骗取出口退税、抵扣税款的其他发票的，犯虚开增值税专用发票、用于骗取出口退税、抵扣税款发票罪。本罪是行为犯，一旦有此类行为，即触犯本罪。触犯本罪的最低刑罚是三年以下有期徒刑或拘役，并处两万元至二十万元之间的罚金。虚开数额较大情节严重的，处三年以上十年以下有期徒刑，并处最低五万元、最高五十万元的罚金。虚开数额巨大或者有其他特别严重情节的，处十年以上有期徒刑或者无期徒刑，并处五万元至五十万元的罚金或者没收财产。由此可见，虚开增值税专用发票的行为性质更为严重，一旦触犯便会遭受到非常严厉的处罚。

◆国家政策

自2018年8月22日起，国家税务总局联合公安部、海关总署以及中国人民银行在北京召开会议，会议上共同部署了为期两年的打击虚开增值税专用发票等违法犯罪专项行动。该项行动截至目前，成果显著，全国各地战果颇丰。其中，2019年安徽警方破获的虚开增值税专用发票一案使人最为震惊，该案主要犯罪分子11人全部归案，涉案金额超过900亿元。其首要分子肯定摆脱不了无期徒刑的苦果，毕竟900多个"小目标"早已经超过了数额巨大的量刑标准。

◆相关法律依据

《中华人民共和国刑法》

第二百零五条 【虚开增值税专用发票、用于骗取出口退税、抵扣税款发票罪】 虚开增值税专用发票或者虚开用于骗取出口退税、抵扣税款的其他发票的，处三年以下有期徒刑或者拘役，并处二万元以上二十万元以下罚金；虚开的税款数额较大或者有其他严重情节的，处三年以上十年以下有期徒刑，并处五万元以上五十万元以下罚金；虚开的税款数额巨大或者有其他特别严重情节的，处十年以上有期徒刑或者无期徒刑，并处五万元以上五十万元以下罚金或者没收财产。

单位犯本条规定之罪的，对单位判处罚金，并对其直接负责的主管人员和其他直接责任人员，处三年以下有期徒刑或者拘役；虚开的税款数额较大或者有其他严重情节的，处三年以上十年以下有期徒刑；虚开的税款数额巨大或者有其他特别严重情节的，处十年以上有期徒刑或者无期徒刑。

虚开增值税专用发票或者虚开用于骗取出口退税、抵扣税款的其他发票，是指有为他人虚开、为自己虚开、让他人为自己虚开、介绍他人虚开行为之一的。

第二百零五条之一 【虚开发票罪】 虚开本法第二百零五条规定以外的其他发票，情节严重的，处二年以下有期徒刑、拘役或者管制，并处罚金；情节特别严重的，处二年以上七年以下有期徒刑，并处罚金。

单位犯前款罪的，对单位判处罚金，并对其直接负责的主管人员和其他直接责任人员，依照前款的规定处罚。

非法制造、出售发票需要承担哪些法律责任

非法制造、出售发票的行为，同时侵犯了国家的发票管理秩序和税收秩序，其行为构成了非法制造、出售非法制造的发票罪。

根据《中华人民共和国刑法》第二百零九条规定："伪造、擅自制造或者出售伪造、擅自制造的可以用于骗取出口退税、抵扣税款的其他发票的，处三年以下有期徒刑、拘役或者管制，并处二万元以上二十万元以下罚金；数量巨大的，处三年以上七年以下有期徒刑，并处五万元以上五十万元以下罚金；数量特别巨大的，处七年以上有期徒刑，并处五万元以上五十万元以下罚金或者没收财产。"从法律规定来看，触犯本罪不要求数量、金额等，只要是有非法制造、出售非法制造的发票的行为，即触犯本罪。最高法定刑可达七年有期徒刑，并且没收财产。

2019年8月8日，最高法网站发布了一条爆炸性新闻，"1.16"一案成功告破。

2018年，公安部亲自督办"1.16"百亿特大虚开增值税普通发票系列案。该系列案涉案地区广泛，涉案人员极广，涉案金额巨大，侦破难度极高。侦破此案的关键一役，当属广州"詹氏双雄"一案的侦破。

自2016年4月起，哥哥詹某浩便开始制造、销售虚假发票，每张发票盈利十元以上。被高额利润所诱惑的弟弟詹某龙便于2016年下半年匆匆加入了哥哥的队伍。两兄弟各有所长，分工明确：弟弟帮忙采购设备，伪造发票；哥哥负责拉拢买家，寻找销路。仅仅不到半年时间，他们就在这一行打开了名气。随后，两兄弟就成了犯罪团伙的核心人物，拉起一个20多人的团伙，业务范围扩展到20多个省份，至案发时，整个团伙的涉案金额高达人民币102亿元！

最终，法院做出判决：哥哥詹某浩，犯非法制造、出售非法制造的发票罪，情节严重，判处有期徒刑五年，并处罚金四十万元；弟弟詹某龙，犯非法制造、出售非法制造的发票罪，情节严重，判处有期徒刑两年三个月，并处罚金五万元。

"君子爱财，取之有道"。所有的"道"，都应在国家法律制定的框架之内。任何企业、个人，都不能为了利益触碰国家法律这条高压线，否则其所面临的必将是国家法律的严厉制裁。

股东向企业借款长期不还，还要缴纳个税吗

股东如果向企业借款长期不还，存在以借款的形式掩盖分红的嫌疑。因此，股东向企业借款不还，超过一年的，应当缴纳个人所得税，税率为20%。"长期"指的是超过纳税年度之内，时长为一年。并且，该笔借款并未实际用于企业经营。

其实，某些股东因为向自己的企业借款，逾期未还后被税务机关查处的案例屡见不鲜。当股东向自己的企业借款，在纳税年度终了之前仍然未予归还，并且此款项也并未用于企业的经营，此种情况就可以视为企业向自己的股东进行分红，股东收到红利后未按照有关规定纳税，因此，除了需要追缴应收税款之外，税务机关还应当依照有关规定，对相关人员进行行政处罚。

◆ **相关法律依据**

《财政部　国家税务总局　关于规范个人投资者个人所得税征收管理的通知》（财税〔2003〕158号）

二、关于个人投资者从其投资的企业（个人独资企业、合伙企业除外）借款长期不还的处理问题

纳税年度内个人投资者从其投资企业（个人独资企业、合伙企业除外）借款，在该纳税年度终了后既不归还，又未用于企业生产经营的，其未归还的借款可视为企业对个人投资者的红利分配，依照"利息、股息、红利所得"项目计征个人所得税。

《个人所得税管理办法》

第三十五条　（四）加强个人投资者从其投资企业借款的管理，对期限超过一年又未用于企业生产经营的借款，严格按照有关规定征税。

企业给员工发放奖品，员工需要纳税吗

企业为了激励员工的积极性，会设置各种形式的奖项为达标的员工奖励奖品或者奖金。那么，获得奖励的员工需要纳税吗？

员工获得的奖励分为两种：一种是不含税的，公司会为员工负担全部税款；另一种就是含税奖励，是需要缴税的。总之，不管是公司负担还是员工自己负担，都是需要缴税的。

那么，需缴税款的有哪些项目呢？

1. 个人所得税

《中华人民共和国个人所得税法实施条例》第六条第一项规定："工资、薪金所得，是指个人因任职或者受雇取得的工资、薪金、奖金、年终加薪、劳动分红、津贴、补贴以及与任职或者受雇有关的其他所得。"

财政部、国家税务总局联合印发的《关于个人取得有关收入适用个人所得税应税所得项目的公告》第三条规定："企业在业务宣传、广告等活动中，随机向本单位以外的个人赠送礼品（包括网络红包，下同），以及企业在年会、座谈会、庆典以及其他活动中向本单位以外的个人赠送礼品，个人取得的礼品收入，按照'偶然所得'项目计算缴纳个人所得税，但企业赠送的具有价格折扣或折让性质的消费券、代金券、抵用券、优惠券等礼品除外。

前款所称礼品收入的应纳税所得额按照《财政部 国家税务总局关于企业促销展业赠送礼品有关个人所得税问题的通知》（财税〔2011〕50号）第三条规定计算。"

2. 增值税

《中华人民共和国增值税暂行条例》第十条规定，用于简易计税方法计税项目、免征增值税项目、集体福利或个人消费的购进货物、劳务、服务、无形资产和不动产，其进项税额不得从销项税额中抵扣。《中华人民共和国增值税暂行条例实施细则》第四条规定，单位或个体工商户某些将自产、委托加工的货物用于集体福利或个人消费，或者将自产、委托加工或购进的货物无偿赠送其他单位或个人的视同销售货物的行为。

3. 企业所得税

《国家税务总局关于企业处置资产所得税处理问题的通知》（国税函〔2008〕828号）第二条规定："企业将资产移送他人的下列情形，因资产所有权属已发生改变而不属于内部处置资产，应按规定视同销售确定收入：（一）用于市场推广或销售；（二）用于交际应酬；（三）用于职工奖励或福利；（四）用于股息分配；（五）用于对外捐赠；（六）其他改变资产所有权属的用途。"

股权转让所得要缴纳个人所得税吗

股权转让是指个人把自己的股权转让给其他人的行为，具体包括：直接出售股权、公司回购自己的股权、股票发行时将股权向股东公开发售、股权被强制过户、以股权对外投资、以股权清偿债务六种情形。

个人转让股权需要缴纳个人所得税，纳税人是股权转让方，义务人为受让方。股权转让后，纳税人、义务人应当依法在次月十五日内向主管机关申报纳税。

众所周知，个人所得税所需缴纳的税款不低，自然人股东获得分红需要缴纳高达20%的个人所得税。并且，每个地方的税收不一样，如何利用税优地进行合理避税是非常值得企业家们注意的。通过税优地的政策来进行合理避税，知名演员王某给大家做了一个好榜样。我们不妨把"陈年旧瓜"拿出来，再"吃"上一遍。

2016年8月14日，知名演员王某于微博发表离婚声明，透露其时任妻子马某出轨经纪人宋某许久。此微博一出，立刻在网络上激起了滔天巨浪，关于王某、马某离婚一案，物议沸腾，话题持续两年之久。直到2018年，二审宣判，驳回马某的全部上诉请求，此事情终于告一段落。

所谓外行看热闹，内行看门道。与"吃瓜群众"不同，律师们的眼光更多地聚焦在王某巨额股权的变更上。

王某在婚后开了一家名为宝亿嵘影视传媒的影业公司。

2012年，持有该公司最大股份的是其时任妻子马某，持股比例高达95%，其哥哥持有5%。

2014年股权比例发生了变化，马某持股减至75%，其经纪人任某持股25%。

2016年，王某开始逐步夺回股权。股权比例由一开始的王某62%、宋某13%、任某25%，变更为王某5%、共青城宝亿嵘投资管理合伙企业持股95%。共青城宝亿嵘投资管理合伙企业中王某持股37.5%，任某持股31.25%，宋某持股31.25%（不久后变更为马某）。注意，王某自己持股超过三分之一，对股东决策有一票否决权。任某与王某合并持股超过三分之二，对股权有绝对的控制权。

从以上数据我们可以看到，王某经过一系列的操作，夺回了本就属于自己的股权。但是，自己真正持股却仅有5%，其控制的共青城宝亿嵘投资管理合伙企业占股95%。

他为什么要这样做呢？其目的何为？因为，共青城是我国的税收优惠城市。在共青城，合伙企业的合伙人需要缴纳20%的个人所得税，但是会返还所交个人所得税的90%，实际缴税仅有2%。王某为了夺回股权，就需要一步一步地进行股权转让。王某利用共青城宝亿嵘投资管理合伙企业的便利条件，在股权转让的过程中实际少交了90%的个人所得税。

最终，控制了股权的王某完全控制了资产，在股权纠纷一案中打了一个大胜仗。

　　王某自己持股仅有5%，却能控制公司的股权，从而保住自己的资产属实高明；利用国家优惠税收政策交易股权，合理避税90%也是经典案例中的经典。我们别只顾看"热闹"，还要记着"学门道"。